Minha vida amorosa: como sair do inferno e chegar ao céu.

Um guia passo a passo para quem quer ser feliz no amor

Mauro Gonzalez Ribeiro

1ª edição

2019

Sumário

Cap. 1 - Eu mesmo fiz tudo para ser infeliz, sem saber....12

1.1 - Como eu escolhi uma esposa..................................13

1.2 - Como ser feliz se eu nem sei o que estou fazendo? 15

1.3 - Como ver e entender os sinais que o outro te dá? 17

Cap. 2 - Como costumamos nos boicotar.....................28

2.1 - Como eu posso aprender com os nãos da vida.33

Cap. 3 - As dores de um casamento mal preparado...........37

3.1 - O início das dores 37

3.2 - Aos poucos as pequenas coisas começam a desaparecer..38

3.3 - Começa o medo real do fim da família, da separação 39

3.4 - O que acontece com os "amigos" que você acha que tem?..42

Cap. 4 - A culpa é sempre do outro...48

Cap. 5 - Ainda é possível afundar mais....................................59

5.1 - Quando percebi que era o fundo do poço?.........63

Cap. 6 - Os passos que dei para poder seguir em frente.70

6.1 - Perdão a mim mesmo - se eu não me perdoasse não teria conseguido seguir em frente...........................70

6.2 - Tive que perdoar a mãe dos meus filhos............74

6.3 - Tive que perdoar os amigos que se afastaram quando meu casamento acabou.......................................77

Cap. 7 - E agora como eu faço com as minhas recaídas? 85

Cap. 8 - O que é o amor? 89

8.1 - Definição de amor na bíblia: 1ª Coríntios 13......90

8.2 - Qual a diferença entre amor e caridade?............92

Cap. 9 - Ela chegou!..98

9.1 - Como a conheci...98

9.2 - Deus nos aproximando novamente.....................100

9.3 - Quero você na minha vida!..................................100

Cap. 10 - Livros e sites que te ajudarão rumo a uma vida amorosa equilibrada e feliz 109

*Tudo o que quereis que os homens vos façam, fazei-o vós a eles. Esta é a Lei e os profetas. **(Mateus 7, 12)***

DEDICATÓRIA

Dedico este livro a minha irmã Ana Paula que juntamente com os meus pais Álvaro e Magdalena e a minha madrinha Elza foram os meus alicerces diante de tantas dificuldades que enfrentei em uma parte da minha vida.

Dedico aos meus filhos Matheus e Mariane, aos meus netinhos Bernardo e Manuela, pela certeza de que tenho que buscar sempre ajudar aos outros no caminho do bem.

E dedico a minha esposa. Érica Ribeiro, minha princesa e razão da minha inspiração diante das dificuldades da vida.

Mauro Ribeiro

APRESENTAÇÃO

Este e-book não é uma ficção, é uma história real com experiências reais de vida.

O porquê de eu querer escrever este livro é passar toda a experiência conseguida através de muito sofrimento em minha vida pessoal, pelos caminhos errados que segui em busca da felicidade até que encontrei o amor e hoje posso servir de apoio aos que ainda estão a caminho.

Ninguém merece passar por tanto sofrimento na sua vida amorosa e são tão simples os passos a serem dados que até me estranha nunca ter feito isso antes. Minha ideia é fazer a diferença na vida de todos os leitores, deixando um legado e passar tudo aquilo que deu certo para mim e em tudo o que eu acredito e que realmente fez e faz a diferença na minha vida.

É um guia que primeiro quer fazer você se identificar, se reconhecer, entender o porquê de você estar exatamente na posição em que se encontra hoje na sua vida. Mostrar a você que suas escolhas definiram aonde você chegou e as que você fizer hoje vão definir o resto da sua vida.

Você lerá experiências que talvez nunca tenha lido, perceberá que muita coisa em que você acredita está matando a sua vida presente e apagando o seu futuro.

Por fim, este e-book pretende ajudar você a ser feliz, fazendo as escolhas certas, tomando as atitudes necessárias e a crescer como pessoa. Pois, para ser feliz a dois é imperioso que você seja feliz primeiro sozinho.

Passar a vida inteira infeliz, cuidando dos outros e não se realizando é provavelmente um grande inferno. Mas, como sair disso? Ou melhor, se você ainda não se meteu nessa, como não passar por isso?

Com as escolhas erradas e foram várias eu fui definhando até chegar ao fundo do poço, um erro me levou a outro e assim como uma onda que se espalha no mar, eu me vi no fundo do fundo do poço.

Sei que vou escrever para pessoas que são casadas e são infelizes, pessoas que namoram ou são noivos e já estão infelizes e não sabem como sair da situação em que se encontram e ainda para pessoas que são felizes e realizadas, mas que podem ainda aproveitar de certas experiências negativas de outros para nunca dar chance ao sofrimento desnecessário.

Vejam bem, não quero dizer que se vocês agirem bem e se fizerem boas escolhas não terão problemas ou sofrimentos. Não, claro que não posso dizer isso, há sofrimentos que independem de nós.

Também vou estar escrevendo para pessoas que já se separaram e estão em outra relação ou à procura de uma nova relação, ou quem sabe perdidos na "pista".

Lembrem-se: o inteligente aprende com seus próprios erros, mas o sábio aprende com os erros dos outros e evita o seu próprio sofrimento.

Ao contrário do que parece as brigas, e às vezes brigas sérias que quase levam à separação, são muito importantes, porém, antes do casamento onde há tempo para se afastarem sem causarem um mal muito maior aos filhos que viriam no casamento, à família e a si mesmos. Além do que, você pode mudar o seu rumo e ir em busca de um relacionamento saudável e que te leve a ser feliz a dois.

A minha intenção aqui ao escrever este e-book é ajudar a quem se interessar em mudar de vida, a se afastar de possíveis problemas futuros ou resolver os que já são sua realidade da maneira certa. Como eu posso ter a certeza disso? Já vivi o inferno e agora estou do outro lado.

Neste e-book você vai encontrar, em resumo, o seguinte:

1 - Me casei pelos motivos errados com a pessoa errada;

2 – Fui infeliz e a fiz infeliz desde o início;

3 – Mágoas e rancores me levaram ao fundo do poço, abandonei o meu caminho com Deus, vivia diariamente ressentimentos e carências emocionais. Passei a preencher este vazio com sexo sem compromisso, usando e sendo usado por mulheres. Passei a ser viciado em sexo;

4 – O vazio só aumentava. Implorei pela ajuda de Deus e tal como o filho pródigo eu voltava meio que me arrastando para Ele. Vivia com recaídas e ainda preso ao vício do sexo. Saía com tantas mulheres que nem sabia mais o nome delas;

5 – Meu carro foi furtado e a crise econômica que assolou o Brasil me atingiu. Fiquei sem as condições financeiras para continuar vivendo aquela vida de "pegação". Isto me ajudou a ficar mais em casa, a sair menos. Não era a minha vontade, mas as condições me ajudaram a mudar um pouco e a me aproximar mais de Deus;

6 - Enfim ela chegou, apareceu na minha vida e com isso o amor de Deus me invadiu novamente e hoje vivo uma vida resgatada do fundo do poço. Vou te contar como é o fundo do poço.

Mas, antes de seguirmos vou te fazer um pedido:

NÃO LEIA ESTE LIVRO, ISSO MESMO NÃO LEIA ESTE LIVRO!

Não leia este livro se você acha que tudo é fácil, sem trabalho, sem esforço e sem entrega. Não leia, pois, vou te mostrar o caminho que segui, mas você terá que traçar o seu próprio caminho, sem a sua participação não dará certo. Mas se você quer traçar o seu futuro, reconhecendo a sua vida atual e buscando o caminho, comece a ler e não pare mais.

Mauro Ribeiro

Capítulo 1

Eu mesmo fiz tudo para ser infeliz, sem saber

Eu sei o quanto você sofre, já passei por isto!

Vou falar um pouco de mim, de como eu mesmo fiz tudo para chegar ao fundo do poço, e o pior, sem nem perceber e sempre colocando a culpa nos outros. É isso mesmo, eu, você, quase todo mundo faz tudo para se ferrar, sem nem mesmo perceber que está fazendo isso.

Este e-book não é uma ficção, são fatos reais que podem e devem fazer mudanças nas vidas daqueles que realmente se interessarem. Se você ainda não se casou pare, leia, reflita e veja se você está em uma armadilha para um sofrimento no futuro ou se há jeito de mudar e tornar esse relacionamento saudável antes do casamento. Caso você já seja casado, vamos começar a trilhar um caminho em busca da solução dos seus problemas. Uma coisa eu te digo, tem jeito. Você só vai ficar infeliz se quiser e pode apostar que tem gente que até gosta de ser infeliz para posar de vítima, isto é horrível e nunca dá certo, pelo menos não por muito tempo.

1.1 - Como eu escolhi uma esposa?

Basta você se casar pelo motivo errado, com a pessoa errada, por melhor que ela seja, que tudo vai dar errado. Fui casado por quase 16 anos. Qual foi o motivo que me fez casar? Isto mesmo, eu casei pelo motivo errado.

Quais são os motivos certos para se casar? Carência afetiva? Necessidade de ter filhos? Achar que uma companhia vai te fazer feliz? Dar uma satisfação à sociedade? Medo de envelhecer sozinho?

No momento em que escrevo este e-book me contam uma história de um homem que conheceu uma mulher pela internet e que a mesma é moradora de um estado bem distante do dele. Em um mês, isto mesmo, em apenas um mês e quase sem ver a mulher, sem conhecê-la, ele a pediu em casamento e está em vias de realizar esta grande loucura. Claro que pode dar certo, assim como eu e você temos uma chance em 50 milhões de ganharmos na **"Mega-Sena"**. Passo na porta de uma casa lotérica entro faço um jogo mínimo de seis números e acabo ganhando R$200.000.000,00. Maravilhoso, porém, quase impossível! Assim é o casamento quando nos jogamos nele sem nenhuma razão, só pela emoção.

No meu caso, eu estava chegando aos trinta anos e queria ter filhos, jogar futebol com meu filho e etc. Não me preocupei muito com as afinidades e com os sonhos, com nada que é fundamental, eu queria apenas ter uma família, filhos, poder brincar e correr com eles. Eu estava chegando aos 30 anos e via isto ficar a cada dia mais distante de mim. Eu não havia vivido uma história de amor, achava que o tempo já tinha passado e pasmem aos 26 anos achava que tinha que resolver do meu jeito. Acabei me casando muito rápido e sem dar atenção às coisas que são fundamentais para o sucesso do casamento.

1.2 - Como ser feliz se eu nem sei o que estou fazendo?

Muitas vezes os namorados, que viram noivos e que acabam se casando fazem o mesmo e acabam tendo que se conhecer durante o casamento, por isso alguns não chegam nem a um ano juntos, percebem que não se suportam, percebem ainda que não haviam se conhecido nem um pouco, viviam na emoção, no sexo, nas festas, com os amigos, etc. E agora que tem que dormir e acordar juntos, resolverem seus próprios problemas juntos sem voltar para a casa dos pais e dar um tempo para esfriar a cabeça, como fazer?

Se não somos aquele cara que ganhou na loteria com um jogo simples de seis números vamos ter problemas. Se você não estuda, não se prepara para a vida profissional e um dia acha que vai ganhar na Mega-Sena e resolver todos os seus problemas, cuidado, isso é praticamente impossível.

Será que você não tem feito isso com a sua vida amorosa, com sua felicidade com o seu futuro? Não seria melhor se preparar com cuidado, usando a emoção, mas também a razão para que não fique pelo meio do caminho? O grande problema não é só se separar, mas sim quando se tem filhos. Conheço uma pessoa que se casou e depois de um ano se separou da esposa, não tiveram filhos, não se viram mais, não ficou nenhum laço, nada. Mas, imagine se tem filhos, será para o resto da vida, esse laço não se rompe, sempre haverá a presença de alguém que em muitos casos é nocivo a sua vida. Como agir agora? Para que chegar a isso se você tem a chance de pensar, de agir e não sofrer à toa sem sentido?

Mas ao mesmo tempo como posso fazer algo que não entendo, que não tenho experiência? Como ser feliz no amor se eu nem mesmo sei o que estou fazendo? Eu cansei de dizer a mim mesmo e a algumas pessoas que ao me casar aos 28 anos eu tinha experiência em ser engenheiro, em ser filho, irmão, em ser amigo, mas marido não! Pai, não! Eu teria que aprender como todo mundo, mas como fazer se eu mesmo já pus nos meus ombros pesos quase impossíveis de carregar sozinho?

Tudo é muito teórico nas palavras, mas você pode ver a sua volta, seus pais, seus tios, amigos, os pais de seus amigos, os amigos mais velhos que já se casaram, aqueles que ainda namoram, os que são noivos. Vá observando. Seja inteligente, aprenda com o erro dos outros, aliás seja sábio. Temos sempre exemplos a nossa volta para podermos aprender, nós é que muitas vezes não ligamos e achamos que tudo um dia se resolve.

Lembro de um colega de infância, ele era de uma família muito pobre, já faleceu, infelizmente, ele e quase todos os seus irmãos morreram. Ainda posso ver seu rosto alegre com uma pipa e linha nas mãos, shorts sem chinelo, parecia que tudo se resolveria no futuro, bastava estar feliz naquele momento. Mas, na vida real, ele cresceu, se perdeu e foi assassinado.

Assim são os casais de namorados, felizes naquele momento, sexo, festas, curtição e depois vão para as suas casas, viajam e depois cada um vai para a sua casa. Quando brigam dormem cada um em sua casa e tem tempo para esfriar a cabeça e resolver depois, ou pior deixar de lado, pois, a raiva já passou. Vão acumulando problemas que ficam "debaixo do tapete", não percebem que não tem afinidades e nem diálogo, não sabem resolver problemas entre eles e apenas buscam refúgio na casa dos pais, na sua vida diária longe do outro e quando voltam tudo parece estar bom e ficará assim para sempre. Mas quando tem que morar juntos, como fazer? Não tem mais a casa do pai e da mãe para retornar, agora é resolver os seus problemas de frente, mas como fazer isso se nunca me preparei para tal?

1.3 – Como ver e entender os sinais que o outro te dá?

É claro que durante o meu namoro e o seu também a outra pessoa sempre nos dá sinais do que podemos esperar, eu também os dava. Observe, meu amigo, minha amiga, como é a família do outro, como eles se tratam, como o seu companheiro trata seus pais, observe aos poucos, mas observe, você terá sinais do que te espera no futuro. Nada é ao acaso neste sentido, tudo vai se encaixando. Tem gente que diz que o outro mudou muito depois de casado, mas não é verdade, ele apenas está sendo o que sempre foi e que você não se deu chance de observar, pois, vivia perdendo o tempo de namoro com coisas sem sentido e fora de hora.

Se nem você se preocupa com isso como você acha que o seu futuro será? Um jogo de loteria? Na sorte? Primeira dica a ser seguida: **VEJAM OS SINAIS QUE O (A) SEU (SUA) COMPANHEIRO (A) TEM TE DADO**. Não deixe de ver isso, no futuro acontecerá na sua vida, no seu dia a dia e poderá te fazer muito infeliz, caso sejam coisas que te incomodem e te deixam triste no momento atual. Observe os sinais que o outro te dá. Não fazer isso e não sair da relação antes do casamento é trabalhar pela sua própria infelicidade. Reclamar depois não vai adiantar nada.

Imagine você perceber logo no começo do seu casamento que não vai ser feliz, que nada vai ser como você sonhou. Meu amigo a sua mulher não é ruim de cama provavelmente ela não te ama, não te conhece, não te admira, não tem afinidades com você e etc., minha amiga seu marido não te acha gorda ou feia, isso é apenas desculpa, apenas não te ama, não te conheceu bem antes de casar e não digo sexualmente. Resumindo vocês acabaram de se conhecer, já estão casados, pois, no namoro e noivado vocês queimaram etapas e não se deram a chance de se conhecerem e agora percebem que não deveriam ter se casado. E o pior é que essa conclusão deveria ter acontecido durante o namoro e não depois de casados.

Deem tempo para se conhecerem, vejam como a pessoa se comporta na sua família, nas festas, durantes as reuniões, na vida social em geral. A pessoa já te dá mostras de como ela é na realidade, no dia a dia. Observe, reflita e veja se é isso que você sonha para a sua vida. Parece simples e é.

Meu amigo, minha amiga, você que está lendo até aqui, o outro não mudou não, você é que não conheceu a pessoa antes. Eram só beijos, passeios, sexo, porém, o diálogo ficou de lado e agora tudo está aparecendo e você percebeu que não suporta esse dia a dia dela ou dele, não suporta dialogar com ela ou ele, etc.

Se você não se imagina conversando com seu namorado ou namorada **pelo resto da vida** não case, fuja, vá em outra direção, pois, há momentos que a única coisa que o casal vai ter é o diálogo.

Nesta primeira parte do e-book vamos apenas tentar mostrar as realidades existentes, vamos tentar refletir. Você meu leitor, tente se posicionar. Como está a sua vida hoje? Deixe de colocar a culpa somente nos outros, mas tente se enxergar. Quais foram as escolhas que te trouxeram até aqui? Você foi forçada a transar com seu marido antes do casamento? Você foi forçada a casar com ele? Você foi forçada a ter filhos? Quais foram as suas escolhas? Você meu leitor, homem. Você foi forçado a transar com sua namorada? A casar com ela, a ter filhos, ou foi escolha sua? Tudo na vida tem consequências, ou você acha que fazemos as coisas e tudo fica como está? Do mesmo jeito? Nada vai mudar? Será?

"Parceiro", a sua mulher ficou velha, feia ou gorda? E você? Não envelheceu também? Sua pele continua a mesma de antes? O problema não são as rugas ou as celulites, é a falta de intimidade, é a falta de cumplicidade e de admiração que devem ser cultivadas desde o princípio. Não vá adiante sem antes refletir sobre os motivos pelos quais você está na situação atual da sua vida. Quais escolhas você fez de maneira errada? Quais os sinais que você viu mas fez questão de desconsiderar? Talvez pelo tesão, pela aparência ou por outra coisa sem muito valor. Caso contrário você continuará colocando a culpa nos outros e se achando um coitado ou uma coitada. Eu sei, eu já fiz isso. Se você ainda só namora, veja os sinais, veja como está o seu relacionamento e dependendo do que você leu até aqui fuja desse relacionamento, ainda dá tempo de ser feliz.

Agora que você já tomou conhecimento mais profundo do problema, as cinco dicas a seguir vão te ajudar a começar a resolvê-lo:

Dica#1: Para se casar você tem que amar além do sentimento, além do tesão, da aparência, você tem que conhecer a pessoa que está ao seu lado. Você, em primeiro lugar, tem que conhecer ao máximo a pessoa que está entrando na sua vida. Seu temperamento, sua personalidade, sua vida familiar, se é uma pessoa trabalhadora, se é uma pessoa que busca o mesmo que você, etc.;

Dica#2: Veja os sinais que o (a) seu (sua) companheiro (a) tem te dado ao longo do namoro. Não despreze isso;

Dica#3: Temos que nos dar tempo para nos conhecermos;

Dica#4: Se você não se imagina conversando com seu namorado ou namorada <u>pelo resto da vida</u> não case, fuja, vá em outra direção, pois, há momentos que a única coisa que o casal vai ter é o diálogo.

Dica#5: Programe o seu futuro.

Cara, me amarrei, que legal, mas e daí? Como eu faço isso na prática, como não cair nessas armadilhas? E se eu já caí, como resolver o problema na prática?

Bem, se você leu até aqui é por que se interessou e reconhece que precisa de ajuda para não cair ou para saber como agir, se já caiu, nas armadilhas do amor. Vou te dar uma lista, um passo a passo para você seguir por um caminho que te ajudará na busca da felicidade.

Você já começou a entender o porquê dos seus problemas amorosos. Já se reconheceu necessitado de ajuda. Até aqui eu já te dei uns toques e agora vamos à prática. Como fazer tudo isto na minha vida?

#Primeiro passo: Em primeiro lugar você deve conversar com você mesmo. Por que estou namorando essa pessoa? O que me prende a ela é o sexo? O que me prende a ela é a beleza? Qual é o motivo mais importante pelo qual eu estou ligado a esta pessoa? Veja bem, para ter uma vida a dois é preciso muito mais, vamos listar:

- Esta pessoa te atrai fisicamente?

- A companhia dela te agrada?

- Você a admira? Tem orgulho dela como pessoa?

- Você já percebeu o temperamento dela, será que é isso que você quer para a sua vida?

Imagine uma vida ao lado dela sem sexo, como seria? Vai haver momentos em que não terão sexo. (Por exemplo: resguardo de uma gravidez, uma doença, etc.);

- Os sonhos dela são compatíveis com os seus? Ou você rema para um lado e ela rema para o outro?

- Como é a vida familiar dela? Você gosta da família dela, se dá bem com eles? Eles são pessoas com quem você moraria se fosse preciso?

Veja bem, eu estou te levando a refletir em temas difíceis, pois, se você conseguir se posicionar a partir deles sua vida será muito boa no campo do amor e da convivência com seu parceiro ou parceira. Haverá dificuldades, mas nada que possa te destruir. Reflita sobre cada item, dê a sua reposta, seja sincero com você mesmo. Analise as suas respostas e veja se é isso que você quer para a sua vida.

Ninguém muda com o tempo, pelo menos não radicalmente. Se o seu companheiro é vagabundo no namoro provavelmente ele o será depois e casado. Se ele te dá uns tapas hoje vai te encher de "porrada" no futuro. Se os pais não se respeitam, se os filhos não respeitam os pais, o que você acha que vai acontecer entre vocês? Se há traição no namoro, muito provavelmente ocorrerá também no casamento. Claro que podem existir casos de exceção, mas são muito raros.

#Segundo passo: Você deve ver os sinais que seu companheiro ou companheira te dá ao longo do namoro. Você acha que se agora que não tem compromisso real, ou seja, não se bancam, não moram juntos, que tem o tempo necessário de irem para as suas casas e refrescarem a cabeça e tudo isso de ruim vem acontecendo o que você acha que vai acontecer depois de casados?

Se você não observar quem é o seu companheiro ou companheira ao longo do namoro você vai ser mais um a dizer que ele ou ela mudou. Não, não mudou, apenas você começou a conhecer esta pessoa somente agora, depois de casado, e o pior, não está gostando nada disso. Aquele tesão louco do namoro passa, se viam em alguns dias da semana, mas agora é todo dia, inclusive quando você não quer ver. Além disso tem que dormir junto, acordar junto, ver seu parceiro ou parceira desarrumado, às vezes suado e sujo, unhas por fazer, doente, descabelado, barbudo, etc. Dá para encarar????? Depois não adianta chorar e reclamar da vida dizendo o famoso: _. **Ah se eu soubesse!** Na realidade se não sabia está aprendendo agora, logo não tem desculpas.

#Terceiro passo: Mal se conhecem e quase morrem de amor um pelo outro. Dizem: _ vamos logo nos casar e pronto, somos almas gêmeas.

Ora, isto é infantilidade. Como você pode casar com alguém que não conhece? Claro que às vezes levamos uma vida inteira para nos conhecermos, mas não podemos relativizar as coisas, em geral, não ganhamos na Mega-Sena nunca, por isso dizem alguns que casamento é loteria, eu digo que casamento é burrada feita aos poucos ou então sorte de apostador ou ainda felicidade produzida por boas escolhas feitas com inteligência aos poucos, com tempo.

A opção é sua, o que você vai escolher?

#Quarto passo: Esse passo é um dos mais sérios, se você não se imagina conversando com seu namorado ou namorada <u>pelo resto da vida</u> não case, fuja, vá em outra direção, pois, há momentos que a única coisa que o casal vai ter é o diálogo.

Vocês têm diálogo? Conversam muito? Um casal que vai para a cama e só transa está fadado a se perder, enjoarem um do outro. Você deita a sua mulher no seu peito antes do sexo? Você diz o quanto o corpo dela é lindo? Você diz o quanto é feliz por estar ao lado dela? Você diz que a ama antes e depois do sexo?

A impressão que dá quando você ama muito a sua companheira ou companheiro é que tudo é sexo na hora do sexo, inclusive um olhar, um abraço, deitá-la no seu peito, sem pressa. Mesmo que você esteja cheio de tesão, mas o que você sente é tão forte que quer que demore muito e não que o ato seja simples e rápido. Já estive em situações com a minha esposa em que ficamos mais de duas horas fazendo amor, curtindo tudo isto que estou falando aqui. Mesmo que estejamos loucos de tesão um pelo outro. O amor é muito, mas muito mais do que sexo, carne, tesão. Pense sobre isso, como está a sua vida neste sentido?

Falo do que vivo diariamente, e o melhor, não diminui. A vontade sempre aumenta, o amor, o cuidado, o respeito com o corpo do outro, tudo isso alimenta o sexo, alimenta o amor, alimenta o crescimento do casal. Pensou que fosse mole? Não, não é, mas se você quer mudar de vida tem que ser radical. Caso contrário será apenas mais um livro, mais blábláblá...

#Quinto passo: Cara, veja bem, se você pretende ir em frente programe o seu futuro.
Como fazer isso?

Já ouviu falar de quem casa quer casa? Ditado antigo, mas bem atual. Morar com os outros depois de casar é suicídio, pode até dar certo, mas são exceções e mesmo assim à base de muito desgaste e sacrifício de todo mundo. Eu morei no mesmo quintal dos meus pais, quando me casei. Dividimos a casa dos meus pais em duas, achei eu, na minha ignorância que seria o máximo, mas não foi, foi horrível, eu era o pior dos filhos e eles se tornaram os piores pais. Eu constituí uma nova família, mas não fui em frente, fiquei preso a tudo que me facilitava aparentemente.

Feliz o homem que não procede conforme o conselho dos ímpios, não trilha o caminho dos pecadores, nem se assenta entre os escarnecedores. **(Salmo, 1)**

Capítulo 2

Como costumamos nos boicotar

Muitas pessoas se sentem constrangidas em falar sobre o assunto. Notem que não se trata de relatar suas experiências particulares e íntimas, mas apenas dizer se tiveram a chance de se conhecerem bem antes de se casar. Na realidade temos um certo medo de nos conhecermos intimamente.

Muitas pessoas na sua vida amorosa realmente tinham e tem diálogo e por isso vivem um relacionamento saudável, claro que com problemas, não há relacionamento sem problemas, nós somos problemáticos, uns mais outros menos.

Outras pessoas que viveram a experiência de ter pais separados amadureceram e se tornaram bons pais ou mães, logo o simples fato de viver uma experiência ruim na sua juventude não decreta que a sua vida futura será também ruim. Esse tipo de proceder envolve em sua grande maioria uma religiosidade do casal e o tipo de pessoa com quem esses jovens, frutos de casais separados, vão conviver durante o seu crescimento.

Outras pessoas que ao se conhecerem sentiram aquela paixão enorme, sem se preocuparem como seria o seu futuro, viveram o momento, o sexo, os passeios, as brincadeiras, mais sexo e assim foram em frente. Tudo parecia maravilhoso, mas depois que se casaram e a brincadeira ficou séria, vieram os compromissos, aquilo que motivava a alegria anterior acabou, não há mais aquela liberdade de brigar e cada um ir para a sua casa esfriar a cabeça e sentir saudade e depois resolver tudo na cama, com sexo. Agora moram juntos e tem que resolver os problemas que aparecem, na hora. E dormir com raiva ou com problemas mal resolvidos só fazem minar o relacionamento. E agora como resolver as coisas?

O sexo antes que era animal, quase que diário, agora fica mais escasso, meio frio, parece que é apenas por obrigação ou por necessidade fisiológica. Como viver assim? Provavelmente não nos conhecíamos antes, só sexo sem compromisso, festas, passeios, cinemas e depois do casamento a realidade foi dura demais. Como sair disso? Separar? Buscar ajuda? O que não dá é para viver assim.

Outras pessoas que se conheceram e dialogavam muito, tinham gostos parecidos, porém, nunca tiveram durante o tempo de namoro um problema sério para resolver, logo assim que surgiu o primeiro e depois outros, tudo mudou. Agora sim, puderam saber um do outro como cada um agiria diante da situação nova que se impunha a eles. E geralmente as dificuldades são enormes, os problemas crescem, a falta de experiência no tocante a resolver conflitos gera uma separação de alma, isso é o começo do fim do casamento, que às vezes se mantém por vários medos: o medo de se separar, o medo do afastamento dos filhos, o medo das consequências que os filhos vão sofrer, etc. Ou seja, um inferno total.

Tomei conhecimento de uma história em que o homem não suportava mais viver com a sua mulher, mãe de seus filhos. Porém, como ele não imaginava não poder ver seus filhos todos os dias e acompanhar bem de perto o seu crescimento, este homem arrumou uma amante na rua e desta forma ele conseguia suportar a falta de carinho, de sexo e de parceria dentro da sua própria casa.

Vamos a uma situação que ocorre muito. Um casal brinca de casinha sempre transa sem aquele compromisso que um casal casado tem. De repente, não mais do que de repente ela engravida. Aí, neste momento, eles têm a genial percepção de que não tem condições de se casar. Ou por que não se amam a esse ponto ou porque ainda não tem condições financeiras ou por não terem condições psicológicas ou por não terem aonde morar, etc. Ora, não dava para saber antes disso acontecer? Que quem não tem condições não deve namorar? Ou pior, quem não tem condições de se casar e criar um filho não deve ter relações sexuais?

É tão simples, sexo pode gerar filhos, isso não é algo desconhecido de nós, logo nós somos os maiores culpados dos nossos fracassos e os fracassos dos nossos filhos.

Alguns se casam e moram de favor ou com os pais ou com amigos. O marido trabalha, ganha pouco e estuda à noite. A mulher fica o dia inteiro cuidando do bebê, sem ajuda, sem muito dinheiro, sem conforto nenhum. Ele chega bem tarde da faculdade e ela está acabada. O que vai acontecer com este casal? Sem tempo um para o outro, acabados fisicamente e emocionalmente, quando se veem um perto do outro começam as cobranças, as reclamações, as impaciências, a falta de sexo bom e prazeroso, depois o próprio sexo começa a rarear, quando um chega o outro só pensa em poder relaxar. O casamento já acabou antes de começar, isso é claro, isso é matemática pura, um mais um é igual a dois.

Claro que pode haver exceções, mas à custa de muita renúncia, muito sofrimento e marcas doloridas durante o tempo. Nós não podemos viver baseados em exceções, temos que viver a realidade, pois, senão colocaremos a culpa no outro e fazemos um inferno na vida dele, na vida dos filhos e na nossa própria vida.

Em qual destas categorias de problemas você se inclui? Claro que há muitas outras, inúmeras e teríamos que fazer uma pesquisa longa para expor tudo aqui, mas seja qual for a sua realidade, caso você não a reconheça, caso você não entenda que nunca um erra sozinho, que você e eu fizemos as nossas próprias escolhas, nada vai mudar.

O objetivo deste livro é ajudar a mostrar às pessoas a reconhecerem a sua realidade atual, como chegaram até aqui e como podem começar a mudar as coisas. Quem ainda acha que só o outro erra ou errou nem continue, pois, vai se irritar.

Uns erram mais, aliás, às vezes muito mais, porém, nós também erramos e às vezes muito. Reconhecer as nossas culpas, erros e entender que o que estamos vivendo hoje em dia é fruto de nossas escolhas pessoais nos fará ter uma chance de mudar de vida e quem sabe nos tornarmos pessoas mais felizes.

Vamos a outro exemplo que impacta na vida dos filhos: Um casal vive muito bem, são felizes e realizados, mas com o tempo a mulher vai perdendo a beleza do início, **"o cabra"** começa a olhar as novinhas e por fim, deixa a sua família, seus filhos. Há histórias de filhos que se matam, filhos que se drogam, filhos que se tornam homossexuais, sem terem nenhum traço antes destes problemas. Filhos que eram muito alegres, brincalhões e extrovertidos e que se tornam jovens agressivos, introvertidos, etc. Além de se separar da mulher ele abandonou os filhos em busca do prazer pelo prazer, sem imaginar que em breve a novinha vai trocá-lo por outro também. Triste burrice em busca do prazer pelo prazer, pois se você cultivar o amor verdadeiro a sua mulher ao envelhecer vai se tornando mais linda ainda por toda história de cumplicidade que você cultivou com ela.

2.1 – Como eu posso aprender com os nãos da vida?

Creio que muitas vezes por amor, os pais tentam blindar os filhos de seus problemas, mas eles existem e os próprios filhos devem a cada dia participar mais e mais da solução dos seus próprios problemas ou vão sofrer até aprender a se resolverem sozinhos.

Creio que todas as vezes que os pais se colocam na frente dos filhos quando estes têm algum problema ao invés de ajudar estão atrapalhando, pois, aquele problema foi resolvido, mas quando os pais não estiverem perto para resolver um outro problema, uma rejeição, um **nãooooooo**, como o jovem vai agir?

Os **nãos** do mundo são importantes para que cresçam os filhos, mas sei que é duro ver um filho chorar e sofrer, mas pensem que o melhor é que sofram ainda do nosso lado com o nosso apoio, mas que aprendam a se resolverem, pois, um dia não nos terão mais ao seu lado, não digo nem de nossa morte, porém, muitas vezes estarão na escola, no trabalho e no namoro sozinhos, sem a nossa presença e como agirão se não souberem lidar com as rejeições e com os problemas em geral?

Sei que você vai dizer que é mais fácil falar do que fazer, mas eu falo do que fiz, eu passei por isso e sei como você se sente agora, neste momento.

Ninguém vai sofrer a sua dor, ninguém vai chorar as suas lágrimas, por mais que você tenha amigos, família, mãe e pai que sofram com você, quem vai sofrer na realidade é você meu amigo, minha amiga.

Pare de ler um pouco, isso mesmo, pare um pouco. Faça uma avaliação da sua vida em cima de tudo o que você tem lido até aqui. O que você acha que pode mudar na sua vida a partir desta reflexão?

Ou você acha que depois tudo se acerta? Isso mesmo, tem gente que acha que depois de casar tudo se acerta. Torpe engano, tudo piora e muito, caso não sejam afinados como um violino. Dia após dia vamos construindo um muro de tijolos, emocionalmente falando, que vai nos levar um dia a não mais enxergarmos nada de bom no outro.

Meu amigo, minha amiga mude a sua vida agora ou então vai ser muito pior no futuro. Não digo para se separar, você que não casou ainda, mas reveja conceitos, reveja atitudes, reveja a opinião que você tem de seu parceiro ou da sua parceira. O que une vocês?

Para você que é casado, o que fazer agora que percebeu que agiu errado? Se casou sem saber o que estava fazendo?

Em primeiro lugar, buscar ajuda, não de qualquer um, não adianta ir a qualquer psicólogo que pode até mesmo aconselhar a você se separar. Busque alguém que possa primeiro tentar consertar o que anda quebrado, o relacionamento de vocês. Pode até ser um psicólogo, mas que seja conhecido, indicado por alguém. Alguém que possa e tenha condições de ajudar mesmo, em todos os sentidos.

Eu fiz uma vez num grupo de encontro de casais em uma Igreja Católica algo que deu muito certo.

Fui chamado para fazer uma pregação a um grupo de encontro de casais. Sou Católico Apostólico Romano, desde sempre. Ao chegar lá, me apresentei, fui bem recebido. Cantamos uma música bem animada e comecei a falar. Percebi que ao pedir aos casais que dessem as mãos e se olhassem nos olhos apenas três casais de quase sessenta o fizeram. Parei tudo e pedi uma música e nesta música pedi a ajuda do Espirito Santo. Cantamos e fiz uma oração breve, depois pedi que tentassem se olhar de novo e falassem umas duas coisas boas, elogiosas ao outro. Isto feito gerou uma onda de reconciliação que jamais havia visto. Se abraçaram com entusiasmo e repetiram seus votos. Nunca mais os vi, mas sei que tem jeito desde que os dois queiram.

Amor não é só sentimento, faz parte. O amor não é só sexo, faz parte. O amor é doação, entrega, querer e decidir amar. Em resumo, o amor é decisão.

Se você se decidir amar o seu marido ou a sua esposa, com a ajuda de alguém capaz (mesmo que seja apenas um amigo sábio) e com a ajuda de Deus, o milagre pode acontecer.

Vamos tentar? O passo agora é esse, a dica agora é essa, a pratica agora é desse jeito.

Capítulo 3

As dores de um casamento mal preparado

Neste capítulo vou mostrar a você as dores que costumam estar presentes em um casamento mal preparado e que não deveria ter acontecido. Talvez você passe hoje por algo parecido e poderá se beneficiar com a experiência ruim dos outros e que pode te levar a mudar de vida.

3.1 – O início das dores
<u>Sexo:</u>

O sexo que já não era muito bom no início do casamento, agora começa a diminuir em quantidade e piorar na qualidade. Isto mesmo, você não vai ter mais sexo em quantidade e qualidade mínima que te deixe realizado. Provavelmente você vai começar a passar noites em claro, pois, o homem quando fica necessitado de sexo ele já produziu bastante esperma que fica alojado nos testículos e enquanto eles não saem o cara fica louco, subindo pelas paredes. Logo, não dorme.

E qual o caminho que a maioria encontra? Ou masturbação ou a traição. Ou seja, o começo do fim.

3.2– Aos poucos as pequenas coisas começam a desaparecer

Como ser feliz se não há carinho nem nas pequenas coisas?

Tudo que começa errado vai piorando com o tempo. No começo não temos tantos problemas, mas depois vem um atrás do outro. Se não há afinidades, se não há admiração um pelo outro, como suportar os problemas juntos? Um pequeno problema vira uma bomba.

<u>Pequenas coisas do dia a dia que começam a não acontecer mais:</u>

Assistir um filme juntinhos no sofá - Isso é algo muito bom. Como é bom ficar jogado no sofá, comer pipoca, beber alguma coisa e ver um bom filme. Isso aproxima o casal, quem sabe dali sai até um carinho mais quente, isso é muito bom. O casal pode sair da rotina mesmo dentro de casa, mesmo no seu sofá. Às vezes o sexo está meio frio entre o casal e durante um filme, um carinho, um toque, um olhar, tudo isso acaba reacendendo o fogo entre ambos. Renova, inspira e até mesmo restaura o desejo entre ambos.

Sonhar juntos - Um casal deve fazer planos juntos, sonhar juntos, chorar e rir juntos, ficar perto um do outro e um defender sempre o outro.

Realizar juntos – se programar para a compra da casa própria, sonhar com viagens, sonhar com filhos, festas, preparar tudo junto. O natal, o réveillon, etc. Tudo o casal deve fazer juntos.

3.3– Começa o medo real do fim da família, da separação

Tudo passa a ser motivo de brigas e brigas cada vez mais intensas e desnecessárias. O casal passa a não se suportar mais, tudo a dois passa a ser muito penoso para ambos. E para aumentar o sofrimento o casal tende a se manter casado por medo da separação, medo do desconhecido. Como vai ser? Como fazer? A tortura é enorme. Em muitos casos pode existir uma dependência emocional, afetiva.

Por isso eu sei o que você está sentindo no seu sofrimento, estou apto a falar para você de como eu me senti, como agi, quais foram os meus erros que pioraram tudo e também falar das coisas que me tiraram do fundo do poço, que me levaram do inferno astral ao céu.

O sofrimento só aumenta com o medo e a vergonha de uma família desfeita e o medo do sofrimento que os filhos passarão. Isto é real, por mais que um ou outro diga que não, isto é real. È assim que acontece na realidade. Todo mundo sofre, até mesmo aquele que está se libertando, rompendo o relacionamento, isso mesmo, pois, geralmente os dois não aguentam mais, porém, um dos dois é que toma a atitude e começa o rompimento, geralmente a mulher toma a iniciativa.

Os filhos geralmente são o amor de seus pais, mas ao mesmo tempo com o casal quase se separando, não se suportando mais, os dois acabam muitas vezes descarregando as suas frustrações neles.

Os dois que já se magoaram muito ao longo do casamento agora passam a colocar a "cereja do bolo", indiferença. Às vezes traições raivosas. Às vezes ignorância e palavras duras demais que tornam o momento do rompimento e mudança da família algo quase impossível de ser ultrapassado.

Começam as cobranças, você começa a se perguntar como pode chegar até aqui, como você se permitiu. Começa a perceber que não conhecia bem o outro, aliás, lendo o livro, agora, você percebe que pulou etapas, que vocês não se deram a chance de construir um relacionamento maduro, que os ajudasse a nunca chegar a essa situação, pois ninguém se casa para se separar.

O pior e que tudo poderia ter sido evitado se você seguisse os passos simples que até aqui você já leu. O pior de tudo é que agora começa outro sofrimento horrível, a auto cobrança. Isso mesmo, você passa a se cobrar e a não se perdoar, às vezes leva muito tempo para se perdoar, por ter se permitido chegar a essa situação e isso só vai aumentar o seu sofrimento e as suas dores.

Mas como devo agir então? Não adianta mais ficar focado naquilo que você não pode mudar.

Dica: Se não tem mais solução, solucionado está. Já dizia, minha saudosa professora primária Dona Norma.

Do que adianta me cobrar, me condenar, descarregar nos outros algo que não pode mais ser mudado. Perde-se muito tempo desse jeito. Se você vive assim leia, reflita e mude correndo, pois, você continuará sofrendo à toa e nada mudará.
O pior é que a vida dos outros vai adiante e a cada dia você vê a sua vida ficando para trás, o tempo passa impiedosamente e você caminha para trás, isto é frustrante.

3.4– O que acontece com os "amigos" que você acha que tem?

Por vezes os amigos se afastam para não dar a entender que estão do lado de um ou do outro. O pior é que às vezes escolhem o outro lado e você fica se sentindo traído. Tudo besteira. O que ficou para trás deixe para trás. Se algum amigo não era tão amigo assim e te deixou é por que Deus tem preparado algo bom ainda na sua vida, mesmo no campo das amizades. Se abra a isso, ou então sofra à toa. Já vivi isso, sofri à toa, perdi tempo à toa e nada adiantou. Todos seguiram as suas vidas eu apenas perdi tempo e sofri à toa.

Vivi magoado, mas um dia tive uma chance de mudar isso. Certa vez fiquei sabendo que um amigo meu estava doente, se recuperando de uma cirurgia e fui visitá-lo. Ele, mesmo sendo meu padrinho de casamento, nunca fora me visitar, nunca me telefonou para saber como eu estava, para saber se eu precisava de algo. Ao chegar lá a esposa dele falou a ele que eu fora o único que o havia visitado até aquele momento.

Uma outra vez, um desses amigos, com quem me dou muito bem hoje em dia, me reencontrou em uma igreja e me pediu perdão por nunca ter me ligado. Disse ele que sentia vontade de me ligar, mas que nunca havia feito.

Caro leitor, cara leitora, amigo é aquele que te procura na doença, na hora em que você parece um leproso, na hora do sofrimento. Foque nesses amigos, caso não tenha sobrado nenhum mude o seu caminho, sua maneira de pensar e se apegue a Deus, Ele colocará amigos no seu caminho, pessoas que vão te amar e ajudar. Sei disso, é assim que acontece quando você se abre e deixa a vida seguir o seu curso. O que ficou para trás deixe para trás.

Chega de reclamar dos sofrimentos. A nossa relação teria outros problemas ainda para apontar, mas os que aqui foram colocados já dão para ilustrar como é a realidade.

Dica 1: Não espere demais dos outros, você vai se magoar.

Dica 2: Não despreze a sua família, no fim você só poderá contar com ela.

Dicas para não alimentar um sofrimento desnecessário:
Depois de ter chegado ao fundo do poço e sofrido muito e ter vivido muitas coisas ruins sem necessidade e ter conseguido dar a volta por cima estou apto a contar a vocês o que fazer. O passo a passo para não perder tempo com sofrimentos desnecessários. Alguns são inevitáveis, mas a grande maioria é apenas perda de tempo e de saúde.

Dica#1: Se a pessoa foi embora veja isso como um alívio, alguém teve a coragem de resolver o problema. Depois de um tempo você vai ver como isso foi bom;

Dica#2: Comece a juntar os cacos, nem que você tenha que escrever um passo a passo dos cacos a serem juntados e colados;

Dica#3: Esteja junto de pessoas que gostam de você, mesmo na hora em que você parece um leproso, ou seja, a sua família;

Dica#4: Seus filhos têm que ser a sua prioridade, mas para isto você precisa estar equilibrado. Pense e resolva isto, caso contrário sua vida vai ficar muito pior, pois seus filhos podem lhe causar muitos outros sofrimentos com as sequelas que os atingirão. Deixe as brigas para trás, acabou o relacionamento, seus filhos precisam de paz. Faça isso por eles.

Dica#5: Sem Deus você não poderá fazer nada que mude a sua vida.

Passo a passo para não perder tanto tempo no sofrimento:

#Primeiro passo: Sente num canto de sua casa. Respire fundo, pense em todos os momentos de sofrimento pelos quais você passou. De preferência com um refresco ou com uma **long neck** gelada.

Isso mesmo, você sozinho (a). Será que você não percebeu ainda que não existe mais aquele sofrimento diário, ao lado de alguém que você não ama e que não te ama? Alguém tomou coragem e deu o passo inicial para solução do problema. Não está ainda resolvido, mas o passo inicial foi dado. Reflita sobre isyo e busque forças para minimamente estar equilibrado (a);

#Segundo passo: Pense nas pessoas que precisam de você, ou seja, seus filhos. Eles que agora nem tem estrutura emocional para passarem sem traumas por essa situação. Ou você dá um jeito de ajudá-los ou em pouco tempo eles serão os causadores de novos e piores problemas na sua vida;

#Terceiro passo: Quem são as pessoas que realmente te amam nesta vida? Vá tomar um café com os seus pais. Vá dar uma volta com pessoas que te amam e te querem mesmo no meio desse sofrimento todo. Pessoas que amem os seus filhos, para que possam dividir com você o peso deste momento;

#Quarto passo: Se aproxime de Deus tire meia hora por dia, pela manhã, para conversar com Ele. Leia a Bíblia, faça as suas orações, procure um sacerdote, abra o seu coração e peça orações por você e por seus filhos. Só Deus pode te ajudar a superar, Ele pode colocar as pessoas certas para te ajudarem a resolver os seus problemas e te darem suporte para as dores que ainda virão. Sem Deus, sinto dizer, seus problemas estão apenas começando. O rancor, a mágoa, a raiva de Deus por você achar que Ele é quem é o culpado de suas más escolhas vão te levar para um poço sem fundo, eu sei bem o que é isto, eu estive lá;

#Quinto passo: O tempo ajuda a curar as feridas. Seguindo os outros quatro passos o tempo vai sarar as feridas e a sua vida vai ressurgir. Eu sei, eu vivi isso, parece que não vai, mas vai, é assim mesmo que acontece.

Não adianta você ler e não se esforçar, não pôr em prática. Vamos em frente, tudo vai ficar bem, pode ter certeza.

Capítulo 4

A culpa é sempre do outro

A sua vida hoje é exatamente o resultado de cada escolha que você fez ao longo dos últimos anos. Como você vê a sua vida hoje? Está satisfeito? Feliz?

Não? Então que tal começar a mudar as suas escolhas e as suas atitudes perante a vida? A sua vida daqui há dez anos será o reflexo das suas escolhas de hoje. Como você quer que seja a sua vida no futuro?

Vamos falar do seu relacionamento amoroso, ou do que sobrou dele. Quem errou mais, você ou o outro? Quem sempre cedeu, você ou o outro? Tente fazer uma reflexão sobre este tema neste momento antes de continuar a ler.

Uma grande diferença entre nunca se achar errado e ter os argumentos certos para um debate é grande. Há pessoas que não tem argumentos para defender uma ideia e apenas pelo fato de se acharem certos querem ter razão. Se tornam chatos, os donos da verdade. Mas, sem argumentos como podem saber sobre o que estão discutindo? É assim na vida amorosa, o outro sempre está errado e nós sempre temos a razão.

Se você tem que resolver um problema você precisa se preparar para o debate, mesmo que seja com sua mãe, seu pai, ou seu cônjuge. Sem argumentos você não consegue provar o que pensa, mesmo que esteja certo. Quando alguém te perguntar o porquê a sua resposta nunca pode ser por que sim ou por que não, isso não é resposta inteligente, tenha sempre os fundamentos para a sua resposta.

A culpa é sempre do outro desde Adão no paraíso quando traiu a Deus. Adão acusou a mulher e a mulher acusou a serpente. Continuamos hoje um tentando jogar a culpa no outro.

Como os casais agem um com o outro? Será que não é mais fácil jogar a culpa sempre no colo do outro? Com certeza você acha que a culpa é dele ou dela. Eu também tinha a certeza disso. Da mesma forma que ninguém pode te fazer feliz se você já não era antes de se relacionar, assim também o outro não tem o poder de te fazer infeliz, a menos que você permita.

No meu casamento e depois que ele acabou eu tinha a certeza de que tudo era culpa dela. Eu sempre estava certo em tudo o que eu pensava e da maneira que eu agia. Será que existe em um casal só um lado errado ou quando há desacertos sempre os dois lados estão errados? Claro que um pode errar mais do que o outro, porém, os dois sempre erram juntos. Nem que o seu maior erro tenha sido o de se casar com alguém com quem você não tinha afinidades.

Umas das coisas mais difíceis para os seres humanos é assumir os próprios erros, este hábito pode levar cada um de nós a perdermos várias oportunidades de conseguir e manter uma grande história de amor.

Ainda há o fator externo, muitas vezes colocamos as culpas dos nossos sofrimentos nos fatores externos ao nosso relacionamento. Ou a família, ou os amigos, ou o emprego, ou, ou, ou, sempre ou. Desta forma tentamos justificar as nossas atitudes e tentamos sempre nos eximir de culpa, triste infantilidade que não leva a nada de bom.

Como que uma armadura, uma parede de concreto, eu me escondo e escondo os meus erros, os meus defeitos, para que não corra o risco de ser criticado, apontado como o problema da relação. O medo de encarar a verdade, as minhas limitações, o medo do fracasso, tantos medos. Mas, será que isso tudo adianta? Não seria melhor partir para cima do problema e buscar resolver tudo de uma vez? O pior de tudo é que mesmo que eu saiba que fiz algo errado, dei mole, o medo da crítica, o medo de ser reconhecido como um cara que não é tão perfeito assim me deixa paralisado e acabo jogando a culpa sempre no outro lado. Mesmo que eu nem saiba que sou assim, mesmo que no fundo esta defesa que faço de mim mesmo seja inconsciente.

O pior de tudo é que em alguns casos algumas situações que poderiam ser resolvidas, mesmo que o casamento tenha acontecido de maneira errada acabam não tendo solução devido à demora de reconhecer-se limitado e falho e parar de jogar a culpa apenas no outro.

Parece que é mais fácil colocar a culpa nos outros do que assumir nossos próprios erros. Assim como comer sem parar, dormir o dia todo, fazemos disso um mau hábito. Invés de buscarmos nos conhecer, mudar de atitude gastamos nosso tempo, a juventude, tentando encontrar os culpados pelos nossos fracassos, parece infantilidade, mas é o que acontece.

Paremos e pensemos agora, será que foi só outro o causador do seu sofrimento? Você se casou obrigado? Será que você não contribuiu para o seu sofrimento? Ou você reconhece que errou, que causou seus próprios sofrimentos?

Sem que você faça uma avaliação da situação em que se encontra e de como você tem se comportado diante da sua vida e dos seus problemas te digo uma coisa, não há solução. Pare, falo isso novamente, reflita sobre tudo. Tente não encontrar culpados para os problemas que afetam a sua vida e tente relacionar tudo aquilo que você precisa mudar na sua vida, a começar pelas escolhas que você tem feito.

Você quer continuar a sofrer e fazendo sofrer? Tem

gente que em vez de aprender com seus erros vai errando sucessivamente e nunca muda, nunca aprende nada e sempre joga a culpa nos outros. E vai continuar até ficar bem velho sofrendo por coisas que poderiam ter sido diferentes? Basta para isso que você assuma que é uma pessoa normal que comete erros, que faz escolhas ruins para a sua vida e que tem a capacidade de fazer o outro sofrer também.

Fugir disso só vai te trazer mais e mais tristezas e vai apenas adiar o seu ressurgimento como ser humano. As oportunidades vão aparecer, mas você não vai enxergar, preocupado em ainda ver quem são os culpados pelo seu fracasso.

Meu amigo, eu fiz isso, eu vivi isso, perdi muito tempo da minha vida neste estágio, pura besteira, nada adiantou, e o pior, todos continuam as suas vidas e você que se sente o centro do universo vai ficando cada vez mais velho, mais sozinho e o pior perdendo todas as oportunidades de ser feliz primeiro com você mesmo depois num relacionamento amoroso.

Como eu fiz com a minha vida? Como eu consegui sair deste estado de embriaguez que me fazia sempre ver o outro como causador dos meus fracassos?

#Dica 1: Repense sua vida. Reflita sobre tudo que aconteceu e acontece com você;

#Dica 2: Liberte-se do vício de sempre pôr a culpa nos outros;

É tão natural o nosso modo de culpar outros por nossas frustrações e erros que nem percebemos que isso praticamente funciona como se fosse um piloto automático, sempre se repete. Mude isso agora! Treine seu cérebro para fazer isso.

#Dica 3: Deixe de se sentir vítima diante dos seus problemas;

Errei e agora? Quais foram os erros que eu cometi? Quais as escolhas que fiz que me levaram a perder, a ser infeliz, etc.? Meu irmão tente reparar o seu erro, mude de direção, refaça as suas escolhas. É como se você voltasse o caminho que estava seguindo e entrasse na rua certa. Claro que às vezes as consequências dos nossos erros são dolorosas, mas mesmo sentindo dor se condicione a assumir os seus erros, não os jogar na conta de ninguém. E tomar iniciativas para consertar o que está errado e seguir em frente. Você verá a diferença acontecer na sua vida dia a dia.

#Dica 4: Busque se perdoar.

Esse ponto é o mais difícil e apenas com a ajuda de Deus você pode conseguir, pois, às vezes somos tão infantis em nossas escolhas e nos causamos problemas tão desnecessários que nos perdoar fica muito difícil. O ato de parar de culpar os outros e até si mesmo pelas burradas cometidas nos dá uma condição de nos perdoarmos e pensarmos que somos normais, cometemos erros. Apenas temos que buscar não os cometer mais.

Vamos ver alguns exemplos onde claramente a culpa é minha mas acabo colocando a culpa no outro:

- O transito está horrível ou eu acordei tarde e saí de casa atrasado?

- Estou comendo muito por que o outro me deixa nervoso ou na realidade sou apenas um guloso?

- Ela é muito chata ou apenas eu não tenho paciência de ouvir alguém que não seja eu mesmo?

- O meu chefe é muito chato ou eu tenho dificuldades em receber ordens?

- Você não se preparou para a sua vida profissional quando teve chance ou está sem dinheiro apenas devido à corrupção que impera no país?

- Todo mundo é mal-agradecido com você ou você é mimado e espera sempre ser reconhecido pelos outros;

Pare um pouco agora, pense sobre o seu relacionamento amoroso, mesmo que seu relacionamento esteja quase destruído. Tente pensar que do outro lado há uma pessoa com sentimentos, que sofre, que apesar de tudo gostaria que isso desse certo, que sofre e chora como você. Que também tem acertos e erros, não somente erros como talvez você possa pensar.

Será que se você tentasse olhar para o outro com mais paciência e amor não veria outras qualidades que não consegue ver? Será que você não é o culpado por não estarem bem? Será que você não poderia ter feito algo para as coisas melhorarem?

É sempre mais fácil ao invés de tentar mudar as coisas jogar a culpa no outro, meu irmão, minha irmã, o tempo de mudança é agora, caso não faça nada no futuro o arrependimento poderá ser grande, pois talvez apenas falte em vocês um pouco mais de palavras de ânimo, palavras de incentivo, palavras de atenção a vida do outro. Quem sabe ainda não dá tempo de tentar fazer isso?

Vejo muitas vezes que as pessoas nem mesmo

esperam o outro acabar de falar, vão logo se defendendo da acusação, do problema e geralmente tirando a culpa de si mesmos. Se você não ouvir tudo, não refletir, não tentar ver aonde errou, como poderá haver diálogo? Como poderá haver reconstrução de um relacionamento se sempre o outro está errado? Como, você só vê os defeitos e os erros do outro? Pense numa coisa, mesmo com todos os seus defeitos o outro pode estar tentando fazer muito mais do que você por este relacionamento e voe não percebe.

Se o filho é feio eu nunca sou o pai, isto é terrível. Se tudo der certo eu quero sempre ser reconhecido mesmo que eu não tenha feito nada de efetivo para que aquilo desse certo.

Que tal darmos uma chance a nós mesmos. Vamos tentar assumir os nossos erros, as nossas culpas. Será que a culpa é do outro, do tempo, de Deus, ou eu não me preparei corretamente?

Do outro lado do casal tem uma pessoa que erra, que chora, que sofre, que é falho. Caramba! Entenda isso! Mude de atitude, assuma seus erros, pense neles, escute o outro, veja os sinais, ou vai se arrepender sempre por nunca ter dado uma chance a você mesmo de ser feliz. Pode ser que você entre e saia de relacionamentos sem fim sempre achando que a culpa é do outro, mas na realidade as pessoas vão refazendo as suas vidas e você a cada relacionamento que destrói ou ajuda a destruir vai ficando mais velho e mais perto de acabar sozinho. Pense nisso, é real. Quem sabe essa pessoa que está ao seu lado não é uma pessoa que Deus colocou na sua vida para te ajudar a crescer como ser humano?

E na hora em que você é criticado, parece que o mundo caiu na sua cabeça. Meu irmão aprenda a aprender com seus erros, aprenda a ouvir e a refletir sobre as críticas que recebe. Eu costumo dizer que se a comida que você fez está salgada para o outro então ela está. Não adianta você dizer que tem pouco sal, se o outro está achando a comida muito salgada na realidade ela estará para o outro, logo escute e não fique se defendendo.

É muito difícil se controlar diante de uma crítica. Dá a maior vontade de sair falando mesmo antes do outro acabar de falar. Mas, meu irmão, minha irmã como você poderá mudar de atitude, crescer como pessoa, ter um bom relacionamento com as pessoas se você não aceita que tem defeitos e que às vezes você incomoda e chateia o outro?

Vou te contar uma coisa para terminar este

capítulo: você é falho, você erra, você é digno de correções, como qualquer pessoa. Não falo que só você erra, o outro também, mas na medida em que você se enxerga normal o relacionamento tem grande chance de dar certo.

Faça um teste com você mesmo e com o seu relacionamento. Pergunte ao outro o que o irrita em você. Pergunte o que o vem decepcionando em você? O que você tem feito de errado, quais as atitudes que poderiam ser diferentes? Se você tiver a coragem de perguntar e depois de ouvir as respostas sem tentar se defender, refletindo e se propondo a mudar, você terá uma grande chance de ser e fazer o outro feliz.

Capítulo 5

Ainda é possível afundar mais

No começo da minha vida pós separação eu pedi a Deus insistentemente que me desse o dom do celibato. Eu gostaria muito de não mais me envolver em nenhum relacionamento amoroso e seguir servindo a Deus. Porém, nós sempre buscamos o caminho mais fácil, geralmente buscando que Deus faça a nossa parte. Os caminhos de Deus não são, geralmente, os nossos. Eu mesmo deveria ter que buscar o meu caminho, passar pelas cruzes diárias e encontrar meu lugar na minha nova realidade. Mas, eu me deixei guiar pelos ressentimentos, mágoas, até mesmo pelo ódio. Ódio principalmente de mim mesmo e das escolhas erradas que fiz. Infelizmente comecei a minha caminhada rumo ao fundo do poço e foi muito difícil.

Se você fez más escolhas, se você não aproveitou bem o seu tempo de namoro e se casou sem nem saber ao certo o que estava fazendo, provavelmente viveu infeliz e provavelmente se separou. E agora? O que você acha que vai acontecer com você?

Mágoas, ressentimentos, de repente você começa a sair, tomar umas cervejas ou destilados, "amigos novos", ou então **"remake"** de amigos antigos, começa a dar uns beijinhos e diz: _. Por que não?

Muitas vezes esse pode ser o início de uma descida direta ao fundo do poço. Caso você esteja até se divertindo, mas não perceba que precisa trabalhar este lado amargurado e ferido você estará rumo ao fundo do poço. Provavelmente você poderá meter os pés pelas mãos. Já vi casos em que a pessoa só sai para uns drinques, sexo sem compromisso, umas risadas e partiu cama.

Se você está magoado, ferido ou até mesmo com raiva do mundo e de algumas pessoas não seria bom começar a se relacionar com ninguém, pois você só pode dar o que você tem e no momento o que você tem é feio demais.

Tem pessoas tão carentes que saem de um relacionamento e já entram em outro logo, sem nem refletir nos erros e acertos da antiga relação, sem aprender nada e com isso crescer como pessoa e ter uma boa chance de ter um relacionamento que seja equilibrado. Não, entram de cabeça logo em outro, sem nem mesmo estarem prontos, livres do passado. Normalmente repetem os mesmos erros, pois, nem se deram ao trabalho de refletir sobre tudo o que aconteceu. São os dependentes emocionais, carentes profundos. Se você não se ama sozinho primeiro, se você não é feliz sozinho primeiro, nunca, nunca mesmo será feliz a dois. Na realidade apenas trocam de pares.

Claro que você pode me dizer que conhece alguém que fez isso e acabou encontrando o amor, claro, isso pode acontecer, lembra do cara que entrou na lotérica e fez um jogo simples de seis números e ganhou sozinho na Mega-Sena? Dei esse exemplo antes, mas é praticamente impossível de acontecer.

Alguns amigos aparecem para te propor saidinhas sem compromisso, **"pegação"** e em alguns casos você vai se afundando muito mais do que já estava.

Vou contar um caso que se passou comigo, com uma amiga com quem eu saía as vezes. Nós dois carentes, porém, tínhamos uma amizade e nos tratávamos muito bem. Saíamos de vez em quando para cada um suprir as carências do outro. Um dia ela me liga dizendo que havia um grupo em que alguns homens e algumas mulheres, todos de boa reputação, trabalhadores, mas que não estavam interessados no momento em ter nenhum tipo de relacionamento sério, saiam juntos e quando um ou outra tinha uma necessidade de sexo se telefonavam e pronto, tudo se resolvia.

Fulana ligava para o Ciclano dizendo que estava precisando sair, relaxar um pouco, ou ele ligava e dizia isso a ela. Se uma não podia ligava para outra. Um grupo de mais ou menos doze pessoas. Não havia orgias, apenas quando alguém do grupo sentia necessidades sexuais ligava e chamava uma companhia do grupo. Sempre um homem com uma mulher. Um dia ela me fez o convite para entrar no grupo, o nome do grupo vou dizer, pois, preciso mostrar a dimensão do estado de perdição em que nos encontramos. O nome do grupo era **"amigos de fodinha"**. Desculpem-me pelo nome que escrevi mas creio que é necessário dar a dimensão do problema que hoje em dia a cultura do descartável nos propõe. Não aceitei o convite e paramos de sair.

Não dá para trocar sexo por mágoas, não dá para curar feridas com transas cada dia mais diversas e sem nenhum compromisso. Já vi casos em que o cara espera sentir vontade entra na net e caça sua presa. A convence com táticas bem elaboradas e sai para abater a presa. A rotina é sempre a mesma, palavras carinhosas e bonitas, bons perfumes, bem-vestido, boa aparência, um jantarzinho, uma taça de vinho, ou um Chopp e no fim sexo muitas vezes animal.

O hábito faz o monge, o hábito, aquilo que você se acostuma a fazer pode se tornar algo que não para de crescer, virando um mau hábito, virando até mesmo um vício.

Sei do que estou falando, pois, eu agi assim. Vou contar a minha caminhada ao fundo do poço, veja como é e depois me diga se não era previsível.

Primeiro entrei numa sala de bate papo e fui conversar, acabei encontrando uma mulher bem mais jovem, igual a mim, carente, sofrida e louca por atenção e carinho. No que poderia dar? Saímos, nos falamos e demos carinho da maneira errada um para o outro, sexo e mais sexo, só sexo. Durou alguns encontros e pronto, mais nada, nem sei o nome dela e provavelmente ela nem se lembre de mim. A partir daí vi que isso me agradava, comecei a me afastar daquilo que eu vivia, como não sou hipócrita, ou pelo menos não um hipócrita consciente, fui me afastando das coisas de Deus.

5.1-Quando percebi que era o fundo do poço?

Não preciso contar detalhes dos meus erros para que vocês entendam o que é e o que faz o vício do sexo na vida de uma pessoa. A intenção é mostrar que se você está carente, machucado, magoado, ressentido, qualquer vício, seja ele o da bebida, o das drogas ou o do sexo vão te levar ao fundo do poço e em alguns casos sem volta. O vício de sexo, assim como todos os outros, só vai te levar ao fundo do poço. Pensam que sexo nunca se torna vício, mas se torna sim. Com o tempo você fica tão viciado que todos os dias você precisa transar, às vezes mais de uma vez por dia e com mais de uma mulher por dia. Se torna tão incontrolável que você não parece poder fugir disso e tudo acontece ao alcance de um click na internet.

Não se resolve problemas arrumando outros problemas novos, a solução não passa por mais escolhas erradas. Vão levar você bem rápido ao fundo do poço e pode ser que você nunca mais saia dele.

O que nos leva a chegar a ter um vício? A mágoa? O ressentimento? A carência afetiva? O medo da solidão?

A vontade de dar o troco? O pior é que tudo nos leva a buscar fugas para o nosso sofrimento, porém nada disso realmente alivia o nosso sofrimento.

Você começa a sair com uma mulher hoje, sexo sem compromisso, risadas, conversas e diversão, no fim cada um volta para a sua casa e tudo parece um sonho, sexo e atenção sem compromisso. E sem problemas, sem brigas, sem cobranças, tudo perfeito. Normalmente você sai mais umas poucas vezes com esta pessoa e depois passa para outra. Tudo parece normal, mas na realidade você começa a entrar num caminho quase sem volta, tudo passa a ser descartável.

Você entra e sai da vida das pessoas que passam a ser para você apenas um nome, sexo, diversão e mais nada. Em algumas vezes você ainda sai por um tempo com a pessoa, mas sem levar nada a sério, provavelmente por ela também querer o mesmo, sexo sem compromisso, sem cobranças, naquele momento uma utopia. E como tem homens e mulheres assim. Se acham os tais, como eu também me achava, mas na realidade são doentes, como eu era.

Como eu me sentia por dentro quando estava sozinho? Por vezes eu tentava sair, dizendo que iria encontrar alguém que valesse à pena, mas logo no primeiro problema eu jogava tudo fora. Por que eu passaria por problemas se tinha mulher sobrando, uma ou duas para cada dia da semana?

Infelizmente é assim que você passa a pensar e o pior a agir. Nenhum relacionamento que você tenta dá certo na sua vida, aí passa você a fazer o pior de tudo, em vez de sair só com mulheres que não querem compromisso você passa a iludir as que querem, você passa a ser um mal na vida delas, sempre atencioso, carinhoso e romântico até conseguir transar com ela, logo depois joga na lata do lixo e pronto. Eu passei a ser exatamente assim. Meu Deus, quantos corações devem ter me odiado por isto. Um fato bem intrigante é que em 95% dos casos em que eu saia havia sexo no primeiro dia e que talvez fosse o único dia em que eu veria aquela mulher. Houve casos em que ela me levou para dentro de sua casa no primeiro dia, como assim? Sério? Diziam que eu era tão bacana, tão legal, tão carinhoso que passava uma confiança enorme. Claro que nunca fui um cara do mal, apenas só queria aproveitar a vida, com divertimento sem compromisso.

A carência era tão grande que muitas vezes eu nem conversava com a mulher. Era só pegar de carro e ir direto para o motel. Depois tchau e a mulher muitas vezes só queria isso também.

O pior de tudo é que a sua vida vai ladeira abaixo, tudo passa a ser nada para você, você se sente vazio, sempre tendo que recomeçar e recomeçar e nunca tendo nada. Nas festas, natais, réveillons, aniversários etc. você sempre está sozinho. E nas vezes em que está com alguém é só para mostrar aos outros para figurar como namoradinha, mas que talvez na semana seguinte não exista mais na sua vida.

Você passa a conhecer os sites de relacionamento de casais, começa a perceber que funciona como uma rede no mar, você joga a isca e espera os peixes fisgarem, melhor ainda você passa a pescar com redes, vários peixes ou melhor sereias de uma vez só.

Pasmem, você fica tão vazio, tão sexual, tão carente e sem amor pelos outros que acaba saindo com mais de uma mulher no mesmo dia, sai com uma pela manhã, outra à tarde, e quem sabe uma a noite. Parece mentira, história de pescador, mas eu vivi isso. Como foi terrível. Assim como a droga ou a bebida você não consegue mais ter controle sobre sua vontade, você sai mesmo que depois saiba que vai se arrepender, aqueles dias de glamour passaram agora só fica o vazio e o sofrimento. O pior de tudo é que você não consegue parar, realmente você fica viciado em sexo. Alguns vão achar que é legal, muito sexo, mas sem controle, aliás o vício acaba te comandando, sexo sem sentimento nenhum, nem lembra o nome da mulher depois e nem sabe nada sobre ela e torce que ela vá logo embora, isto é horrível.

Você passa nas ruas e vê mulheres te olhando e percebe que já transou com ela, mas não sabe nem quem é. Isto é triste. Isto não é alegre, isto não é divertido. Como todo vício no começo foi bem legal, mas aos poucos passou a me dominar e a guiar a minha vida direto ao fundo do poço. Me tornei aquilo que eu sempre combati.

Às vezes eu chegava na janela da minha casa e olhava para o céu e pedia a Deus, mesmo vivendo distante Dele naquele momento, que me desse uma mulher apenas, dentre os bilhões de mulheres que existem no mundo. E nada acontecia, mas um dia isso mudou, comecei a sair do fundo do poço.

Você passa a conhecer mulheres que gostam de orgias, mas nunca participei disso. Você conhece mulheres que querem apenas se divertir e gastar o seu dinheiro, se você não perceber isso pode perder tudo, tal qual as drogas e a bebida fazem com um viciado. Mesmo saindo com muitas mulheres do bem, que apenas estavam frustradas, doentes emocionalmente falando, carentes, ou que apenas quisessem se divertir você acaba gastando muito dinheiro. Três vezes por semana restaurante, Chopp ou vinho, jantares ou almoços, cafés, cinemas, teatros, muitos motéis, isso tudo consome muito dinheiro, depois você vê o quanto desperdiçou, além de usar os outros e também ser usado muitas vezes, pois muitas vezes as mulheres percebiam que havia um cara também carente, doido para sair, curtir e gastar com os prazeres momentâneos.

Você acha que usa, mas também é usado meu amigo, minha amiga. Nem todo dia é o seu dia. Você acha que é o pegador, mas na realidade muitas vezes você passa de predador a presa sem nem perceber. Quando uma mulher não caía na minha lábia (eram poucas que não caiam) eu ficava louco para conquistá-la e só descansava ao conseguir e lógico jogava fora como fazia com as outras, muito triste isso tudo. Às vezes não conseguia conquistar a mulher que havia me resistido, ficava mal por uns dias, uma sensação estranha de frustração como se fosse algo realmente importante, mas não era, nunca era.

Já chega de falar sobre isso, já deu para você perceber que furada é se meter com qualquer vício que seja, mesmo que seja algo que não é tão propalado como vício, o sexo sem compromisso. Mesmo sem contar os detalhes, que não são necessários, dá para ver que o caminho da felicidade não passa por sexo livre e sem compromisso.

Se você sente que já chegou no fundo do poço e que não quer mais viver essa vida e ao mesmo tempo não tem forças para sair de lá leia e reflita sobre essas dicas abaixo e tente por cada uma delas em prática hoje mesmo, a sua vida vai mudar com certeza. Porém, a mudança nunca é total e de uma hora para outra.
Mudamos na medida em que nos abrimos a mudança. Melhoramos à medida que tomamos os remédios que nos sãos recomendados. Se você leu até aqui este e-book siga as dicas e o passo a passo para que você possa realmente sentir alguma mudança na sua vida. Não espere milagres instantâneos, eles até acontecem, mas para isso e para a sua gradual melhora o indispensável é que você esteja aberto a ação de Deus na sua vida. Na medida em que você o deixar participar você vai sentir as mudanças acontecendo no seu dia a dia. A

primeira delas é dormir melhor e com paz:

#Dica 1: Nunca se envolva com outra pessoa sem estar limpo de suas carências, frustrações e mágoas, não dá certo;

#Dica 2: Nunca use o outro sob o pretexto de se divertir ou apenas para tentar curar suas feridas. Mesmo que o outro queira fazer isto. Não é nada agradável a Deus e mais tristeza e sofrimentos buscamos para nós;

#Dica 3: Busque alguém que possa te ajudar a sair do mar de mágoas e ressentimentos no qual você vive hoje. Alguém preparado e que possa realmente te ajudar;

#Dica 4: Se aproxime da sua família, eles sempre o ajudarão, mesmo que pareça que as vezes não te entendem. Na realidade nós mesmos não nos entendemos muitas vezes;

#Dica 5: Tire 30 minutos para estar em silêncio diante de Deus, mesmo na sua casa, no seu quarto. Permita que Deus se aproxime de você e fique do seu lado de uma maneira real não apenas com palavras. Faça uma leitura do evangelho de Jesus Cristo e reflita sobre ele, depois faça a sua oração e descanse em Deus.

Capítulo 6

Os passos que dei para poder seguir em frente

6.1 – Perdão a mim mesmo – Se eu não me perdoasse não teria conseguido seguir em frente

Eu me achava muito burro, um idiota por permitir que vivesse todas as situações que vivi, sem necessidade. Vejo hoje que era tudo tão claro que não me perdoava por ter sido tão infantil. Mas, tive que mudar a minha perspectiva para poder me enxergar melhor. Tenho um pensamento de que cada pessoa assiste a vida de um lugar na arquibancada no jogo da vida. Dependendo do lugar onde você se encontra, a sua visão é bem diferente da de hoje. Hoje você assiste a sua vida de outro lugar na arquibancada, suas visões são diferentes.

Que uma coisa fique bem clara para você, tudo, simplesmente tudo na minha vida dava errado até eu conseguir me perdoar de verdade. Às vezes eu pensava que tinha algo de errado comigo ou até mesmo que Deus estava me castigando, mas o pior é que a meu problema mais grave era não conseguir me perdoar.

Quando você julga a si mesmo você tende a ser implacável, ainda mais quando você está no fundo do poço por sua própria culpa, este é o pior dos julgamentos. Costumo dizer que é o julgamento dos julgamentos, sem direito a recurso.

Você chega a sentir raiva de si mesmo, se sente um pobre coitado. Muitas vezes isso pode te levar à depressão, o que torna o seu fundo do poço muito pior.

Se você leu e entendeu a mensagem deste e-book deve estar sentindo-se culpado também diante de Deus. Como Deus vai te ouvir, te ajudar se você se sente tão culpado, tão canalha, tão pecador? Meu irmão, minha irmã, deste modo você bloqueia, impede a ação de Deus na sua vida. Sua alegria e felicidade parecem mortas. Você acaba sentenciando-se a si mesmo e se infligindo uma pena muito pesada. Somos pecadores, claro. Mas não podemos colocar sobre os nossos ombros um peso maior do que aquele que realmente carregamos.

Nós somos como que um tripé, corpo, alma e mente. Se algum item destes está mal tudo vai mal. Um tripé não fica em pé com um ou dois pés a menos. Como você vai conseguir atrair uma mulher bacana para a sua vida se você não se aceita, não se perdoa e se acha um cara horrível por tudo que fez e viveu? Ou isso muda ou só vai atrair pessoas semelhantes a você neste momento. Viu por que não é hora de se relacionar ainda? Uma coisa de cada vez. Tente se ver como aquele atleta que está se recuperando de uma lesão grande que o afastou das competições por longos meses. Se voltar de uma vez tende a ter uma nova lesão e provavelmente mais grave do que a primeira. Tente se ver como esse atleta que está se preparando para a volta e chegar ao pódio, ganhando a competição.

Sem Deus creio que é impossível a sua recuperação. O perdão é Divino. Eu me via como que em uma ilha abandonado, sem saída. Você talvez se veja num presídio, numa cela, tudo que você quer está do outro lado, mas você está preso, isolado, abandonado. Meu amigo, minha amiga vejam as dicas e o passo a passo para sair dessa situação, vou falar do que eu fiz e que mudou a minha vida:

#Dica 1: Se aproxime de Deus.

#Dica 2: Peça perdão as pessoas que você magoou;

#Dica 3: Se ame.

Como fazer na prática?

#Passo 1: Se você é católico como eu procure um

sacerdote e busque o sacramento da confissão. Reflita sobre seus erros, mesmo que tenha que anotar em um pedaço de papel. Se sinta reconciliado com Deus. Se você tem outra religião busque a sua maneira um meio de se reconciliar com Deus;

#Passo 2: Faça uma relação das pessoas que você precisa pedir perdão, peça a Deus que te lembre e faça uma relação. No mundo da tecnologia não deve ser muito difícil conseguir falar com essas pessoas, Face book, WhatsApp e outros. Envie uma mensagem pedindo desculpas por qualquer atitude sua que possa ter magoado a pessoa e se coloque a disposição para conversar, caso seja do desejo dela. Conte o que houve com você e como você está dando a volta por cima na sua vida e fale do seu desejo de se reconciliar com todos que você magoou;

#Passo 3: Tire uns momentos para você refletir sobre tudo o que está acontecendo na sua vida. Sobre as conversas que teve com as pessoas que você pediu perdão e pense no quanto você tem colaborado com Deus para a sua mudança de vida. Se ame;

6.2 – Tive que perdoar a mãe dos meus filhos

Eu achava que estava certo em tudo e que a culpa de tudo era dela. Depois de perder muito tempo com isso e viver infeliz e fazendo as outras pessoas infelizes também eu acordei e percebi que ninguém erra sozinho. Eu errei também!

Eram só brigas, mágoas e ressentimentos. Um dia eu percebi que quem tinha que mudar era eu. Percebi que eu fiz as minhas escolhas erradas e não poderia culpar os outros por isso. O erro dos outros pertence a eles e eles também tem que buscar a solução para os seus próprios problemas, quanto a mim, eu tinha que fazer a minha parte.

Nos perdoar é difícil, oferecer o perdão a quem magoamos também é, mas perdoar a quem nos magoou é muito difícil também. Mas, a minha vida só começou a mudar a partir do momento que eu assumi meus erros e me pus a caminho para perdoar os outros. Na realidade ao fazer isso você trabalhará pela sua própria felicidade, parece que você está fazendo algo pelo outro, mas é por você, pelo futuro, pela sua mudança como ser humano.

Alguns passos foram necessários para chegar a esse perdão definitivo e assim começar a mudar de vida e ir em busca da minha própria felicidade como pessoa e como homem.

#Passo 1: Tive que aprender a olhar os acontecimentos passados da minha vida de outra maneira

Passe a observar as pessoas como pessoas, que erram e que acertam. Não pense que todo mundo ao errar é mau caráter, pode ser que simplesmente não saiba fazer diferente.

Olhe para você e se veja também uma pessoa que é capaz de errar e às vezes errar tão feio que corre logo a jogar a culpa no outro, se enxergue.

Reveja as suas escolhas ao longo da sua vida, perceba que ninguém te obrigou a fazê-las, você as escolheu, ou seja, o culpado por elas é você, os outros são participantes que você permitiu que viessem fazer parte dessa história, não são canalhas ou culpados por sua infelicidade, apenas foram os atores errados que você mesmo escolheu para os diversos papéis na história da sua vida

Veja que o maior causador de seus problemas foi você mesmo e as suas escolhas erradas.

#Passo 2: Livre-se do ressentimento.

Agora que você percebeu que você fez as suas escolhas e muitas delas erradas comece a se perdoar para depois perdoar os outros. Se você ficar ressentido com você e com as pessoas que você acha que te traíram você não vai conseguir viver nem seguir em frente com a própria vida. Aceite que o que está feito está feito.

Para livrar-se do ressentimento, reconheça os seus próprios defeitos e erros e como você também deve ter magoado o outro. Aquelas palavras que você falou se sentindo cheio de razão e que foram lá no fundo da pessoa, às vezes nem é a verdade, mas naquele momento você queria magoar e provavelmente conseguiu.

Todo mundo erra, inclusive você, isso mesmo você também erra se é que não sabia disso. Quando você reconhece os próprios erros isso vai te ajudar a entender melhor a pessoa que te magoou.

Esse passo é um passo difícil e as coisas não mudarão de um dia para o outro, demanda tempo e dedicação, como se fora um exercício. Ninguém tonifica o seu corpo físico com dois dias em uma academia, leva algum tempo, muito esforço e dedicação. Assim também deve ser com a sua vida emocional.

#Passo 3: Não se isole

Procure conversar com alguém de boa índole, sério e que esteja comprometido a te ajudar sem querer nada em troca, sem nenhum interesse, um amigo de verdade. Ele vai te ajudar a enxergar as coisas com bons olhos e te ouvindo vai ajudar a você colocar para fora tudo o que precisa sair de dentro de você.

#Passo 4: O tempo se cuida de ir apagando as dores que você viveu

O tempo é o melhor remédio, isso é um velho ditado, porém, como já te falei aqui, eu vivi isso, sei que é verdade. Aliado aos outros passos que temos que tomar, o tempo se encarrega de apagar as dores, tenha a certeza disso.

6.3 – Tive que perdoar os amigos que se afastaram quando meu casamento acabou

Eu pensava que tinha amigos, vários. Estávamos sempre juntos, mas na hora da minha queda, quando me senti perdido, sozinho, apenas a minha família esteve ao meu lado.

Certa vez eu estive em um sepultamento de um amigo das antigas e ouvi de uma pessoa que eu nunca falhava estava sempre junto nos sofrimentos. Pensei na hora que a recíproca não era verdadeira, pois a pessoa que falou isso nunca se importou com o meu estado durante anos.

Perdoar é um exercício. Passei a visitar os meus antigos amigos e falava sobre amenidades, não tocando no assunto da minha vida, do que passei e sobre nada que esperava deles. Quem precisa de cura sou eu, quem precisa perdoar sou eu, só posso fazer aquilo que me compete.

Com as pessoas que amamos, com quem convivemos, com quem está mais perto de nós somos radicalmente exigentes. Não medimos as palavras normalmente, pois achamos que sempre seremos entendidos e perdoados, nem sempre é assim.

Somos tão intolerantes com esses que fica muito claro que precisamos estar sempre nos policiando e perdoando. Normalmente julgamos muito duramente os que nos estão mais próximos. Com os que não nos são tão próximos não somos tão radicais.

Os meus antigos amigos seguiram as suas vidas independentemente do que eu estava passando. Nada vai mudar isso, o passado deve ficar no passado. Claro que hoje não são mais meus amigos, não os considero assim, já deram provas disso. Mas, podemos ser colegas e quando nos virmos podemos bater um papo, etc. O perdão deve ser exercitado, sempre, mesmo que anos depois, para que não haja uma recaída.

Sem o perdão não posso ser feliz. Claro que não dá para perdoar na hora, somos bem intolerantes e queremos sempre algo em troca da nossa amizade, pelo menos amizade também, isso é típico do ser humano.

Por que perdoar?

Se tivermos a coragem de refletir sobre tudo que se passou e passa em nossa vida vamos chegar, caso nos permitamos, a estarmos firmes para entender o que aconteceu. Isso não quer dizer que você vai viver de beijinhos e abraços com os seus ex-amigos, mas vai procurar entender e seguir a sua vida. Veja bem, isso é uma decisão, **perdoar é uma decisão**, decisão sua, independente do que os outros pensam de você ou da situação. Eles podem não mudar, isso não te compete, mas você precisa mudar e seguir em frente. Deixando os enormes pesos que você carrega, pesos das mágoas e ressentimentos que povoam o seu coração e a sua mente você terá mais chances de ser feliz.

O tempo e o sofrimento te deixam "cascudo" para certas coisas. O sofrimento é a maior escola na vida, quando você ou eu tiramos os ensinamentos necessários e que ele nos dá. Caso contrário o sofrimento apenas foi sofrimento, nada vai mudar e na próxima oportunidade passaremos pelos mesmos sofrimentos até morrermos ou aprendermos alguma coisa que nos ensine a viver.

Temos que buscar ter e desenvolver uma

inteligência emocional em nós mesmos. Se você se encontra amarrado a alguma pessoa ou situação que te faz ou te fez mal você não tem essa inteligência emocional e precisa urgentemente desenvolvê-la.

Mas por que eu devo me preocupar tanto em perdoar?

Antes de mais nada você deve saber o que deve perdoar. São coisas que já falamos anteriormente:

Em primeiro lugar você deve se perdoar da sua própria culpa, **em segundo lugar** você deve se perdoar pelas suas escolhas que trouxeram você exatamente ao local onde a sua vida hoje está, tudo aconteceu devido as suas escolhas e só você é o responsável por elas **e por fim** se perdoar de tudo o que fez, o que deixou de fazer, o que falou e o que deixou de falar por omissão e que agora não tem mais a chance de falar ou fazer.

Quando vamos sepultar alguém são necessárias seis pessoas para carregar o caixão, talvez com quatro já o façamos. Porém, a pessoa amargurada, que não consegue perdoar segue na vida como se carregasse um caixão bem pesado sozinha e o pior é que esse caixão a cada dia pesa mais. É como se você quase não aguentasse mais carregá-lo, mas ele não cai, continua pesando sobre você, dia após dia.

Por isso eu não devo andar dia após dia carregando mágoas em meu coração. Se você se perdoar andará sem pesos nas costas, cada perdão que você concede um fardo desse peso todo fica para trás, como se caísse ao chão e não o carregasse mais. Ao perdoar você volta a ser dono dos seus sentimentos, do seu coração, da sua vida, do seu presente e principalmente do seu futuro. Quer ser curado emocionalmente? Então perdoe, perdoe já.

Já parou para pensar que mesmo em meio a uma festa, ou num maracanã lotado você pode estar triste e se sentindo sozinho? Você anda desgastado à toa, física e emocionalmente acabado, cansado mesmo que tenha dormido horas a fio?

O ato de ficar ressentindo o que já sentiu antes, por isso o nome ressentimento, leva você à tornar a sentir o que já havia sentido antes. Nos desgasta em todos os aspectos da nossa vida, inclusive o físico, parece que você acabou de lutar com três ou quatro pessoas.

Você pode ter depressão, ansiedade grande, pode vir até a ter a famosa síndrome do pânico tão atual nos dias de hoje, pode ficar doente com facilidade sem causas aparentes, seu corpo vive diariamente uma guerra para manter-se vivo. É um stress diário e ininterrupto. Meu amigo, você está morrendo, eu sei disso, eu passei por isso, eu me senti assim.

Quer sentir paz, ter paz? Deixe o passado no passado, mas não falando apenas. O que passou e nos magoou não pode mais ter poder sobre nós. Perdoe, isso mostra o quanto você está se reconhecendo falho também, assim como o outro que te magoou, e que você agora está buscando seguir em frente. Quando você guarda a mágoa e não libera o perdão você dá ao outro, mesmo sem ele saber, o comando da sua vida, o comando da sua felicidade. O que já passou não pode ter o poder de determinar os passos na minha vida, eu sou o motorista da minha vida, claro que Deus deve sempre ser o meu íntimo amigo para que eu saiba o caminho a seguir. Deus me inspira e eu dirijo o carro da minha vida, ao passo que se eu retenho o perdão eu permito que os maus sentimentos, a figura do outro tal qual um fantasma tenha forças e até mesmo guie os meus passos mesmo que eu não admita. Perdoe agora!

Como eu posso pensar em ter um relacionamento com uma mulher se eu ainda não perdoei o meu passado, o outro que passou pela minha vida, meus erros e principalmente o erro do outro?

Existem homens que só buscam mulheres mal resolvidas pois sabem que não ficarão presos a elas, elas ainda estão presas ao passado, ou seja, sexo livre, e sem compromisso.

Por fim, perdoar não é só por causa do outro, é pelo meu próprio bem. Eu preciso perdoar, eu preciso me libertar, se eu não me amar como poderei amar mais alguém?

Levei um tempo para me perdoar, esse foi o perdão mais difícil de todos. Perdoar os outros e a si mesmo pode levar um tempo não tão pequeno, são várias situações que precisam ser trabalhadas, mas se eu não mudar o foco da minha vida, se eu não me dirigir sempre e todos os dias em busca desse perdão talvez a minha vida nunca mude, os outros vão em frente e eu posso acabar sozinho e infeliz. A escolha é nossa, cada um de nós tem que decidir o que quer para a sua vida.

Tenho que olhar de uma maneira diferente para o meu passado, para as pessoas que me magoaram, para mim mesmo e seguir em frente. O que feriu o nosso emocional deve ser tratado, curado e deixado de lado em busca do novo, do novo amor, ou então do ressurgimento do amor que estava destruído, mas que com essas decisões que tomei possam fazer com que nos olhemos diferente. Cada caso é um caso. Cada relacionamento tem sua particularidade, mas com certeza você terá plenas chances de ser realmente feliz.

Capítulo 7

E agora como eu faço com as minhas recaídas?

Passei por anos chegando ao meu trabalho e contando aos meus amigos que as coisas iram mudar, pois havia arrumado uma nova namorada. Eles riam, se entreolhavam e diziam até quando isso vai durar. Era questão de uma ou duas semanas, não passava disso.

Eu dizia que queria me casar, mas uma amiga no meu local de trabalho me dizia que não, eu não queria casar nada. Certa vez uma mulher disse a ela que eu era um cavalheiro, ela disse que não, ele não é, é apenas um homem Casanova, buscando mais uma conquista. Eu não entendia isso daquela forma naquele momento, hoje vejo que ela estava totalmente certa, eu só queria mais uma mulher e assim se deu por muito tempo.

Mas eu havia chegado ao fundo do poço, não queria mais isso, às vezes eu era impelido pelo meu vício a sair com uma mulher pelo simples fato de ter sexo, isso não é normal, isso é doentio, tudo aquilo que te comanda não é normal, a não ser Deus e ele sempre o faz com profundo amor e nunca te fazendo sofrer.

Bem, mas e agora? Agora que você descobriu que não vai ser feliz vivendo como um predador sexual, usando as mulheres e vivendo como se não fosse haver amanhã, como fazer com as recaídas? O papo de que a carne é fraca é pura verdade, você será tentado a voltar para aquele caminho. Você sabe que não há felicidade em viver assim, mas como eu podia enfrentar tudo isso? Esse mau hábito que me fez viver como um predador sexual estava entranhado nas minhas veias, no meu dia a dia, como fazer?

Não se iluda você terá recaídas, talvez muitas, eu vivi isso também. Passei a fugir das ocasiões de sexo livre e sem compromisso, das redes sociais que só visam a encontros amorosos. Das famosas salas de bate papo e dos sites de encontros amorosos eu fugi, parei de acessar, este é o primeiro passo. Se você quer mudar de vida, mas continua a frequentar os mesmos lugares que te levaram ao fundo do poço como poderá mudar? A nossa colaboração é extremamente fundamental.

Passei a ir à igreja novamente, fui me confessar e tentei me reconciliar mesmo que de longe e por WhatsApp com mulheres que magoei, algumas nunca mais vi nem vou ver de novo, só mesmo a misericórdia de Deus. Meu amigo tudo o que fazemos de errado além do perdão temos que reparar. Veja bem, se um homem quebra o carro de outro no meio da rua não basta pedir perdão e ser perdoado, ele tem que pagar pelo prejuízo, são duas coisas independentes. O perdão é gratuito, mas a reparação nos custa muitas vezes dor, sangue, suor e lágrimas. Nada é tão fácil assim, temos que fazer sempre a nossa parte.

Mas mesmo assim às vezes surgia aquele fogo que queima de baixo para cima e nos leva a buscar quem sabe sites de filmes pornô, coisas que nos levam a masturbação ou então de volta ao fundo do poço. Mesmo que seja por um breve momento, a um site de encontros, daí ao novo tombo é questão de minutos.

Como fazer?

Eu fiz assim: sempre que eu dava meia volta e ameaçava voltar ao lugar que me prendia, mesmo que eu caísse eu me levantava e seguia em frente rumo ao novo eu. Ia à igreja, me reconciliava com Deus, pedia a ajuda Dele constantemente e aos poucos fui melhorando.

Uma vez eu cheguei na varanda do meu apartamento e olhei para o céu e implorei a Deus que me enviasse uma única mulher. Mas eu queria uma mulher que pudesse me ajudar nesse caminho de volta, que me fizesse sentir novamente o amor no meu coração e que caminhasse comigo rumo à nova vida.

Neste dia pude quase sentir o cheiro dela, seu perfume. Cheguei a balbuciar algumas palavras bem baixinho dizendo a ela que me esperasse que eu estava chegando para ela.

Mas ela não chegou logo, demorou um bom tempo

ainda, eu ainda iria viver algumas situações ruins, hoje vejo como uma descompressão, como quando alguém sobe do fundo do mar e precisa passar por uns momentos para se acostumar a com a pressão da superfície

Deus sempre com a sua pedagogia não queria que eu colocasse tudo a perder.

Vejo no meu trabalho, com as pessoas que atendo todos os dias, que muitas vezes as pessoas estão dando graças a Deus por estarem se divorciando, quando na realidade não entenderam nada do amor. O que é o amor?

Capítulo 8

O que é o amor?

Muitas vezes nos achamos especialistas em amor, aliás, muitas vezes achamos que sabemos tudo e nos fechamos na nossa verdade, que muitas vezes não é a verdade de Deus. O que você acha que vai acontecer conosco nesta situação? Fundo do poço, sempre e em todas as circunstâncias que se apresentarem, não somente na vida amorosa. Bem, mas nosso papo é sobre a nossa vida amorosa, então temos que saber o que é o amor.

O que é o amor? Nada mais claro do que procurar a definição do amor junto daquele que é o próprio amor e amor sem medidas. Não dá para ser feliz no amor sem estar ligado intimamente aquele que é o próprio amor. É perda de tempo. Fora Dele pode ser tudo, paixão, tesão, sexo, atração física, amor nunca, pois só Deus é amor.

8.1 – Definição do amor na Bíblia: 1ª

Coríntios 13

Ainda que eu falasse as línguas dos homens e dos anjos, se não tiver caridade, sou como o bronze que soa, ou como o címbalo que retine.

Mesmo que eu tivesse o dom da profecia, e conhecesse todos os mistérios e toda a ciência; mesmo que tivesse toda a fé, a ponto de transportar montanhas, se não tiver caridade, não sou nada

Ainda que distribuísse todos os meus bens em sustento dos pobres, e ainda que entregasse o meu corpo para ser queimado, se não tiver caridade, de nada valeria!

A caridade é paciente, a caridade é bondosa. Não tem inveja. A caridade não é orgulhosa. Não é arrogante.

Nem escandalosa. Não busca os seus próprios interesses, não se irrita, não guarda rancor.

Não se alegra com a injustiça, mas se rejubila com a verdade.

Tudo desculpa, tudo crê, tudo espera, tudo suporta.

A caridade jamais acabará. As profecias

desaparecerão, o dom das línguas cessará, o dom da ciência findará. 9. A nossa ciência é parcial, a nossa profecia é imperfeita.

Quando chegar o que é perfeito, o imperfeito desaparecerá.

Quando eu era criança, falava como criança, pensava como criança, raciocinava como criança. Desde que me tornei homem, eliminei as coisas de criança.

Hoje vemos como por um espelho, confusamente; mas então veremos face a face. Hoje conheço em parte; mas então conhecerei totalmente, como eu sou conhecido.

Por ora subsistem a fé, a esperança e a caridade – as três. Porém, a maior delas é a caridade."

8.2 – Qual é a diferença entre amor e caridade?

Vamos ver quais são os significados de caridade e amor no dicionário Aurélio on line (https://www.dicio.com.br colhido no site no dia 14/02/2019 as 16:13 h.

Significado de Caridade

Substantivo feminino Amor a Deus e ao próximo: a caridade é uma das três virtudes teologais. Disposição para ajudar o próximo; tendência natural para auxiliar alguém que está numa situação desfavorável; benevolência, piedade. [Popular] Amor ao próximo: agir por pura caridade. Aquilo que se oferece a; esmola, favor, benefício: fazer a caridade. Expressão de bondade; compaixão: cedeu-lhe a vaga por caridade. Etimologia (origem da palavra *caridade*). Do latim carĭtas ātis, ternura, amor.

Sinônimos de Caridade

Caridade é sinônimo de: filantropia, humanitarismo, compaixão, benevolência, piedade, esmola, favor, benefício

Significado de Amor

Substantivo masculino Sentimento afetivo; afeição viva por; afeto: o amor a Deus, ao próximo. Sentimento de afeto que faz com que uma pessoa queira estar com outra, protegendo, cuidando e conservando sua companhia. Pessoa amada: coragem, meu amor! Sentimento apaixonado por outra pessoa: sinto amor por você. Pessoa muito querida, agradável, com quem se quer estar: minha professora é um amor! Inclinação ditada pelas leis da natureza: amor materno, filial. Gosto vivo por alguma coisa: amor pelas artes. Sentimento de adoração em relação a algo específico (real ou abstrato); esse ideal de adoração: amor à pátria; seu amor é o futebol. Excesso de zelo e dedicação: trabalhar com amor. [Mitologia] Designação do Cupido, deus romano do amor. [Religião] Sentimento de devoção direcionado a alguém ou ente abstrato; devoção, adoração: amor aos preceitos da Igreja. Etimologia (origem da palavra *amor*). Do latim amor oris.

Sinônimos de Amor

Amor é sinônimo de: afeto, amizade, adoração, devoção, zelo, cuidado

Muitas vezes confundimos caridade com dar esmolas. Na realidade é o clímax do amor, levando-nos até mesmo a dar a nossa vida pelo irmão. Jesus personificou a caridade na cruz dando a sua vida por nós. Caridade é o amor cristão, aquele que dá a vida pelo irmão.

"Ninguém tem maior amor do que aquele que dá a sua vida por seus amigos." **(João 15, 13).**

Dar a vida não é só morrer de fato, é educar, é cuidar, é perdoar, etc.

O verdadeiro amor

As pessoas têm o costume de amar somente com palavras. Amor é dar a vida pelo outro, amor é se entregar muitas vezes sem receber nada em troca. Existe uma grande mania de se julgar amor pelas coisas que o outro te dá. Amor e sexo são duas coisas bem diferentes, geralmente as pessoas sentem paixão uma pela outra e celebram isso na cama e acham que isto é amor. O amor supera tudo, o amor suporta tudo, mesmo momentos em que não há sexo, em que não há presentes, passeios, onde há doenças, desemprego, problemas de convivência, etc. Será que você ama ou apenas acha que ama?

Quem ama não trai, quem ama não pode sentir prazer fora do seu relacionamento amoroso, quem trai não respeita, quem trai não admira e nem cuida da pessoa que diz amar. Quem troca o ser amado por aventuras sexuais de uma noite ou mais não deveria dizer nunca que ama, pois não sabe o significado da palavra amor. Quem ama cuida, protege e está sempre por perto para socorrer o ser amado.

Muitas vezes as pessoas dizem que amam quando estão sentindo vontade de transar com a pessoa. Eu já fiz isso algumas vezes, achando que era amor. Estou apto a dizer para vocês o quanto amor e sexo são diferentes. O sexo faz parte do amor, mas geralmente o amor não acompanha o sexo livre e sem compromisso que hoje em dia vemos por aí.

Amor é decisão, eu amo você apesar de você. Ela me ama apesar de mim e de meus defeitos. Não se ama só com sentimentos, mas com a razão também. Um misto de coisas forma o amor. Quando a beleza e a juventude se vão ficam entre o casal aquilo que realmente sustenta todo o amor deles, o diálogo, a admiração, o respeito, a decisão de ter amado apesar de tudo e de todos.

Quando você vê o bem na pessoa, faz o bem para ela e deseja o bem para ela, você a ama com certeza. Fora disso é outra coisa, não amor.

Quando alguém mata ou se mata por "amor", é

tudo menos amor. O amor se existe não tira a vida, nem a sua nem a do outro. O amor constrói, se você ama você deixa a pessoa seguir e ser feliz, isso é amor. Egoísmo não é amor, é doença. Se o outro te deixou, não te ama, seguiu em frente com a sua vida, deixe-o ir. Se você realmente ama esta pessoa porque fica sofrendo por amor? Não é amor, o amor se alegra com o bem-estar do outro e muitas vezes você não tem causado bem-estar a essa pessoa. Deixe-a seguir em frente, seja você também feliz, viva a sua vida, mesmo que você tenha que recomeçar do zero.

O amor não é cego. Quem ama sabe muito bem o que ama. Eu olho a minha amada e vejo quanto eu a admiro, o quanto ela me completa, não digo sexualmente apenas, mas como pessoa, como filha de Deus. Meu irmão você se vê no outro? Ele se vê em você? Cuidado para você não achar que ama, mas na realidade está acostumado com a situação. Cuidado para você não estar vivendo um amor apenas de emocionalismo. Isso acaba, é a chamada paixão e isso dói muito quando chega ao fim.

Certa vez eu vi um filme em que o namorado descobriu que não poderia ter filhos, era estéril. A namorada disse que não se importava com isso e que casaria com ele. Casaram-se e com o tempo ela não aguentou, pois, seu sonho era ser mãe. Ela fez da vida dele um inferno com o seu sofrimento. Um dia ele disse a ela que a amava tanto que abria mão dela para que ela realizasse o seu sonho, que ela fosse embora e que fosse mãe e feliz ao lado de um homem que pudesse realizar isso com ela. Ela chorou e foi. Isso é amor, amor é abrir mão pelo outro. Depois de algum tempo ela voltou, reconheceu que amor imenso ela tinha do marido dela, voltou para casa e seguiram em frente. Adotaram um bebê e foram felizes.

Reflita agora com você mesmo, o que você vive é amor?

Capítulo 9

Ela chegou!

Estava eu de lá para cá, meio triste e tendo algumas poucas recaídas, mas ainda fora do caminho certo que Deus queria e quer para mim. Lembro que cheguei até a varanda da minha casa e mais uma vez clamei ao Criador dizendo que se Ele não me ajudasse eu não conseguiria, que precisaria de uma intervenção direta dele na minha vida, pois, eu não queria voltar ao vício do sexo sem compromisso.

Nesta época eu ainda estava cadastrado em um site de relacionamento amoroso e vivia procurando uma mulher que me tocasse e isso não acontecia, pois, quando eu pensava que sim logo via que não tinha nada de bom naquela tentativa. Vivia ansioso, triste, às vezes sem vontade de fazer nada.

9.1 – Como a conheci

De vez em quando eu olhava o site e nada. Até que um dia eu vi uma morena com cabelo tipo Cleópatra (com franjinha) que me chamou a atenção. Logo enviei uma mensagem específica para ela, sendo simples e objetivo. Segundo ela essa mensagem era diferente da dos outros e chamou a atenção dela. Ela então me respondeu e passamos a conversar pelo sistema de mensagem do site e logo após pelo WhatsApp. Ficamos somente na conversa.

Um detalhe bem curioso é que um dia na escola em que ela trabalhava uma de suas colegas estava fazendo um perfil num site de relacionamento e ela ao entrar na sala a colega disse que faria um para ela também. Na hora ela não deu muita importância, mas depois aceitou. Ao chegar em casa ela viu que havia recebido inúmeras mensagens pelo site. Isso, de cara, a chateou, pois, sua caixa de e-mails ficou lotada com os avisos do site dizendo que ela tinha recebido as mensagens. Ela me disse que olhou e a única que chamou a sua atenção foi a minha, pois parecia ter sido feita especialmente para ela. Na realidade foi mesmo, eu fiquei encantado com a sua beleza.

De cara eu tinha pedido a Deus que a mulher que Ele colocasse para mim não fosse evangélica e nem que morasse em Campo Grande. Para o meu primeiro impacto negativo ela era evangélica e moradora de Campo Grande. Isso me incomodou muito, pois já havia tido experiências negativas com mulheres evangélicas e que moravam em Campo Grande então essa junção de coisas seria muito ruim na minha opinião. Aprendizado, se pedimos para Deus Ele faz do jeito Dele e não do nosso.

Batemos um papo, nos adicionamos no Face book, mas não evoluiu em nada nossa conversa. Passou um tempo e já não nos falávamos mais. Um dia eu apenas a exclui do meu Face book e apaguei o contato dela do meu celular.

9.2 – Deus nos aproximando novamente

Um dia abrindo o meu Face book apareceu a indicação dela como possível amiga, quando eu a vi algo aconteceu, era a mesma foto do site onde a vi pela primeira vez. Logo fiz o convite e ao ver ela conversou comigo pelo Messenger do Face book. Eu disse a ela que não tinha mais o contato dela e que se fosse da vontade dela poderia me enviar o mesmo para conversarmos. Ela enviou o contato eu a adicionei e começamos a trocar mensagens.

Um dia eu entrei no Face book dela e comecei a ver que ela era alegre, brincalhona, muito família e muito linda. Vi até a mão dela nas fotos, linda.

Logo depois começamos a trocar mensagens com mais regularidade e em pouco tempo eu telefonei para ela para conversarmos. Ela me disse em uma das conversas que teria que ser rapidinho pois estava estudando para a faculdade. Levamos nesta ligação cerca de duas horas falando um com o outro, estava nascendo algo bonito entre nós.

9.3 – Quero você na minha vida!

Nos ligávamos todos os dias à noite e ficávamos no mínimo cerca de uma hora falando um com o outro, eu parecia sonhar. Fiz o convite a ela e combinamos de nos encontrar, finalmente iríamos nos ver pessoalmente depois de quase seis meses do primeiro contato lá no site de relacionamentos.

Uns dias antes de nos encontrarmos ela me falou que seria melhor esperarmos uns dois meses pois estava muito ocupada no trabalho e a cabeça dela estava voltada para outras coisas devido a isso. Fiquei muito chateado e disse que não, que se ela não estava disposta a me conhecer eu seguiria a minha vida e desejava a ela que fosse feliz, desliguei o telefone e já ia apagar o contato dela do meu WhatsApp e do Face book quando ela me enviou uma mensagem com umas duas fotos perguntando se o convite ainda estava de pé. Do nada, sem nem mesmo a conhecer eu falei uma frase que impactou as nossas vidas, naquele momento eu nem percebi, mas ela sim, e ficou toda derretida. Eu disse:

_ "Quero você na minha vida"!
Na mesma hora algo mudou para ela e tomou coragem para sair comigo e nos darmos uma chance.

Saímos em um sábado de janeiro, especificamente no dia 14. Meu carro havia sido furtado e eu não havia comprado outro iria encontrá-la com o carro do meu filho. Eu falei que iria a Campo Grande buscá-la e ela prontamente disse que não, que não precisava e que ela iria de trem até Madureira e que eu a pegasse lá mesmo. Na hora eu fiquei impressionado, como poderia, uma mulher que não estava interessada em facilidades, em mordomias, mas sim na chance de viver um grande amor. Isso me impactou muito, comprei um buquê de flores, coisa que nunca fiz no primeiro encontro. Esperei na base da escada e quando ela chegou e veio em minha direção meu coração quase saiu pela boca. Senti um ímpeto em subir as escadas pegá-la no colo e dar um beijo carinhoso, mas como eu não sabia o que ela havia sentido me segurei e esperei.

Nos abraçamos, ela sempre com o maior e mais lindo sorriso que já vi na vida. Ao descer as escadas eu dei a minha mão para ela e ela aceitou, pegou na minha mão, vi estrelas naquela hora.

Estava chuviscando e fomos para o estacionamento buscar o carro, nesse momento eu havia esquecido do buquê de flores. Quando abri a porta, como sempre faço, ela deu de cara com o buquê e ficou tão alegre que me surpreendeu, soltou um grande sorriso e falou palavras que me agradaram muito.

Entramos no carro e fomos para Itaipava, um lindo lugar. Nós nunca havíamos nos visto e como poderíamos viajar para outra cidade no primeiro encontro? Passamos o dia inteiro juntos, só nos beijamos para valer na hora do almoço, na saída do restaurante. Já havíamos dado um beijinho numa casa portuguesa, foi lindo.

Fomos ao Parrô do Valentim, em Itaipava

Nada mais romântico do que Itaipava num dia meio nublado, não frio, estava até um pouco abafado, mas não muito. Ela sempre sorridente, alegre, e eu todo cheio de dedos evitando dar algum furo. Palavras bem pensadas e então ela tomou uma cerveja comemos bolinhos de bacalhau e de repente rolou o primeiro beijo, suave, sem pressa, muito bom.

Fomos ao restaurante Picanha do Guilherme, também em Itaipava, para almoçar.

Depois nós fomos até a picanha do Guilherme para almoçar, a primeira parada fora apenas um aperitivo. Um bom restaurante, muita comida, deixamos a metade pelo menos. Ao sairmos e atravessarmos a rua para pegar o carro eu a peguei de jeito na porta do carro e dei um beijo muito quente e a apertei bastante. Foi amor ao primeiro beijo, a primeira olhada, ao primeiro toque de mãos, ao primeiro sorriso de um para o outro.

Percebi que ela havia chegado em minha vida.

Fomos à feira de Itaipava

Depois paramos na feira de Itaipava, chovia um pouco, ficamos dentro do carro namorando um pouco, foi ótimo. Depois saímos e eu comprei dois vestidos para ela, aliás, percebi que nela tudo fica lindo. Depois voltamos ao Rio e a levei para a sua casa. Foi mágico, lindo, esperado,

nunca mais nos separamos desde então. Na semana seguinte ela veio morar aos fins de semana na minha casa e em seis meses ficamos noivos e um pouco mais de dois anos do dia em que nos conhecemos nós nos casamos.

Eis como saí do inferno e cheguei ao céu. Quem sabe um dia eu escrevo um outro e-book contando nossa história de amor.

Releia tudo o que você já leu até aqui e faça um projeto para a sua vida. Tente entender tudo e adaptar a sua realidade. Você também pode sair do inferno que as suas escolhas te levaram e chegar ao céu com novas escolhas e com novos sonhos.
Deus abençoe a todos!

Érica e Mauro Ribeiro

Obrigado Senhor!

Capítulo 10

Livros e Sites que te ajudarão rumo a uma vida amorosa equilibrada e feliz.

Não adianta só pedir a Deus temos que fazer a nossa parte. Buscar saber aquilo que Ele quer para nós. Mas como vou saber aquilo que Deus quer para mim se eu não conheço a sua palavra?

Atualmente as pessoas perderam isso. Perdem horas do seu dia na academia malhando o seu corpo que em breve ficará velho e um dia vai apodrecer. Não estou dizendo com isso que não devemos nos cuidar, que não devemos malhar, devemos sim. Porém, as pessoas de uma maneira demente doam horas do seu dia para isso, mas para malhar a alma que é imortal não tem tempo, às vezes gastam apenas uns poucos minutos e ainda acham que Deus lhes deve alguma coisa.

Pura matemática, se você se dedica por 3 horas numa academia diariamente e suas orações, sua intimidade com Deus duram o tempo de um pai nosso diário como você pode achar que Deus tem que fazer o que você quer? Aliás, Deus não nos deve nada, nós devemos sempre e sempre deveremos a Ele. Meu irmão, somos um tripé, corpo, alma e mente. Se estamos mal em algum desses itens o tripé não fica de pé.

Leia os livros e visite os sites abaixo, você terá grandes surpresas de como o amor de Deus pode agir na sua vida, seja qual for a sua realidade:

1- A Bíblia Sagrada da editora Ave Maria;

2 - O Catecismo da Igreja Católica;

3- Site do Padre Paulo Ricardo

https://padrepauloricardo.org/

4- Site Veritatis Splendor
https://www.veritatis.com.br/

5- Livros Católicos para download
http://alexandriacatolica.blogspot.com/

6- Católica Conect
https://catolicaconect.com.br/

6   – Site Papistas
http://www.papista.com.br/

7   – Site Apologistas católicos
apologistascatolicos.com.br/

8   – Escrituracatolica.blogspot.com

9 – www.acidigital.com

10 – www.presbiteros.com.br

11- www.cleofas.com.br

12– www.providaanapolis.org.br

13 - https://loja.cancaonova.com/livros/categoria/casais
(neste Site você encontrará muitos bons livros sobre
relacionamentos amorosos e muita ajuda para os casais)

" 24.O Senhor te abençoe e te guarde! 25.O
Senhor te mostre a sua face e conceda-te sua
graça! 26.O Senhor volva o seu rosto para ti e te
dê a paz!" (**Números 6, 24-26**).

FIM

SOBRE O AUTOR

Mauro Gonzalez Ribeiro é formado em Engenharia Elétrica pela Universidade Veiga de Almeida - UVA e Pós-Graduado em Engenharia de Segurança do Trabalho pela Universidade Federal do Estado do Rio de Janeiro – UFRJ.

É Servidor Público Federal do Quadro Permanente do Tribunal Regional Eleitoral do Estado do Rio de Janeiro desde 1996.

Casado com Érica Ribeiro. É pai de dois filhos e avô de dois netinhos.

Fundou o Blog Minha Vida Amorosa e escreve no mesmo sobre relacionamentos amorosos.

Faça uma visita ao blog. Comente, torne-se um seguidor do blog.

nossavidaamorosa.blogspot.com.br